U0016419

減法的力量

SUBTRACT

THE UNTAPPED SCIENCE OF LESS

全美最啟迪人心的跨領域教授，
帶你發現「少，才更好」

雷迪・克羅茲 Leidy Klotz——著
甘鎮隴——譯

獻給約瑟芬

推薦序

減法的力量來自與加法的動態平衡

李瑞華

出版社邀我爲本書寫序，我一看書名及綱要就答應了，因爲我知道減法很重要，也相信很多人都只專注於加法，而忽略了減法的力量。即使我關注這個議題已經三十多年，但還是經常不自覺地忽視減法，即使有意識地提醒自己要用減法，仍經常會有看不見的盲點。詳細拜讀了本書後，我覺得作者有許多獨特的觀點，有助於讀者系統地理解我們爲什麼忽視減法及如何解決這個問題，並因此能改變人生及工作的效能。

我在奇異公司當中國區總經理時（一九八九～一九九一），正好遇到執行長威爾許發起 Work-Out 改造組織文化的全球運動，他指出又老又大的公司都存在許多的「隱形工廠」，其存在爲公司創造的價值很低甚至是零，卻製造了許多沒意義的各種活動、會議、報告等等，不只浪費資源，還對別人的生產力造成負面影響。Work-Out 就像人體通過刻意的運動減少多餘的脂肪，由公司發動各組織的基層員工，提出他們認爲沒有價值且應該被刪除的人和事，並規定主管必須回應和跟進。參與了這場非常大型的革命性組織減法運動，我因此對減法留下刻骨難忘的記憶。當年威爾許還提出了3S理論（Self-Confidence 自信／Simplicity 精簡／Speed 速度），他指出人們因爲缺乏自信，會把簡單的事情複雜化（尋求心理安全的負效能加法），最終影響了公司運轉的速度而削弱其競爭力。他特別強調要有自信才能化繁爲簡，也強調不管是產品，還是流程、制度、組織的設計，越精簡越不容易出問題，也越容易維護管理。這除了減少資源和成本，也提升了速度及競爭力。3S理論總結出「自信是減法的關鍵條件，而效益是減法的目的」。

美國的 Netflix 在管理上是經典的減法實踐者，比如他們沒有正式的績效考核，取而代之的是隨時隨地對彼此的直接反饋；沒有績效獎金，而是直接給出比市場高二五%的薪資及營造出人人都全力以赴的組織氛圍；報銷和請假都不必任何人簽核，但員工要完全擔當誠實報銷和維護績效的責任；總體而言，員工自主地承擔更多的義務和壓力，但也享有更多尊嚴，更好的團隊及更高的待遇，因此他們的管理成本大幅降低，經營績效更爲提高。這不是其他公司可以隨便複製的，需要有健全的組織文化及高素質員工的配套。這帶出了一個關鍵重點：應用減法需要有前提條件，越成熟的人（包括擔責、自信、自律、尊嚴及獨立分辨判斷能力等）及環境（包括制度、文化、紀律等），才能讓使用減法的彈性及效益越高。

隨著科技的進步和社會的發展，尤其是手機和網路的進步及全球化，使大家更深陷於加法中，並在越來越忙的節奏中，更聚焦於快速積累財富及擁有更多物資。我們自以爲有效地創造生命價值的同時，又感覺到生命的品質（尤其是精神層面）越來越貧乏。人們往往又不知所措，或忙得沒時間、心力思考對策，就像在很陡的滑雪坡往下衝，覺得只能跟著慣性動力繼續衝，深怕慢下來、停下來就會出事。我們難以想像讓這個世界停擺一天，更何況一年，結果新冠病毒突然來襲，讓整個世界停擺了一年多，雖然造成了許多問題，但整體而言，遠比我們原本以爲的負面影響少很多。這場危機使我們被逼著接受減法，讓我們發現有很多原以爲不可或缺的人和事，其實都可歸爲「非關鍵」的。邱吉爾說：「別浪費一場完美的危機。」疫情過後，希望我們能認眞應用減法，把許多可以省掉的人與事重新編排。看完這本書後，更應該從簡易版只看見「可以省掉的」，提升到進階版探索「非關鍵的爲什麼還要留」，並認識到重新安排不是簡單粗暴的刪除，而是更有效地利用資源，發揮整體潛能和效益，就像將甜甜圈中間挖空多出來的湘糰做出新的產品。

本書作者從生理、文化、經濟等不同的視角，引用許多不同的研究，分享許多不同的例子，系統地、有效地說明如何發現及解決問題。他在工程系、建築系和商學院等不同領域授課，又將他的跨領域能力聚焦於他喜愛又很有使命感的行爲科學研究，讓他對能產生「心流」而樂此不疲的「減法」課題中，產生不一樣的視野和格局，也因爲能在更強大的「場域」裡洞察了更多關於「減法」的眞知灼見。但也因爲如此，可能有些讀者會因爲不熟悉他廣泛引用的內容、資訊、案例或他獨特的看法和想法，加上全書有許多不同的文化背景和人名、地名，因而出現閱讀疲乏或障礙。假如出現這種狀況，我建議讀者不要拘泥於細節或你不認同的比喻和想法，聚焦於他想表達的核心精神及對你有用的內容，讀完整本書之後，再應用加法和減法去提煉和過濾，留下對你有用的精華。我最喜歡的是作者用了生活中的許多細節，比如：年輕時割草、大學時逆轉勝的期末考、跟兒子玩樂高、孩子的滑步車、妹妹的急診室經驗等等，他用這些隨手拈來的小案例，以類推法做的比喻和聯想來討論減法，很有效地加強了跟讀者感同身受的雙向溝通，也讓我們更加感受到他融會貫通的洞察力。這種「人生處處是道場」的學習和思維模式，也是非常值得讀者觀摩和學習的。

作者不是一味地鼓吹簡單的減法，他指出從「加法或減法」到「加法與減法」的思維轉變，還提出「懶惰型精簡」與「滿意後精簡」的不同，後者必須付出更多的努力，但也創造更多的價值。如果用我們熟悉的陰陽辯證哲理，「加法」屬陽，「減法」屬陰。老祖宗的陰陽協調之道，其實是很複雜的動態平衡，所謂陰中有陽、陽中有陰、陰極生陽、陽極生陰，加什麼減什麼？加多少減多少？何時加何時減？……這裡頭千變萬化，有太多的變數和選項，要拿捏得當，過猶不及，要有覺知和判斷的智慧，才能做出最適當的抉擇。我認爲本書最重要的洞察就是：在「加法和減法的動態平衡」中拿捏得當，減法的力量才能充分發揮潛能，創造最佳效益。如果能因此突破認知，而願意付出更多努力，去探索高層次、高難度的「滿意後的精簡」，必能感受到作者經歷到的「心流」狀態而怦然心動，體會到孔子說的「發憤忘食，樂以忘憂，不知老之將至也」！

（本文作者爲政大商學院教授）

好評迴響

「少，卻更好。」是著名德國工業設計師迪特．拉姆斯的設計理念，也是設計圈中流傳已久的經典名句。說來簡單，做起來卻十分困難。對於一個新手設計師來說，知識與經驗往往是累加的，減法設計與經驗相左。而涉略太少的設計師因爲經驗有限，很難從全局的視角中，看出自身作品哪個部分是多餘而應該被去除的。光是定義「何爲必要」就需要花掉大半時間的思考、論述與研究，更不要說如何只使用必要的設計元素，來形塑整個產品與體驗，這是一件極其困難的事情。

最簡單而優雅的設計，一直是我在設計生涯之中，持續尋找的寶物。對我來說，一個設計能做到「優雅」，它必然沒有任何多餘的裝飾與雜訊以避免掩蓋設計本身，且能放大設計物核心意念所成的最終產物。經典設計如此，在產品設計傳奇如Apple iPod到Braun T3收音機、在遊戲設計經典如圍棋到《龍與地下城》、在建築設計優雅如「光之教堂」到「Daiichi 熊本幼兒園」、溝通設計振奮人心如馬丁・路德博士的《我有一個夢》到蘋果創辦人賈伯斯的產品發表會。這些作品與體驗都能透過減法的力量，進而能凝聚設計巧思，將設計師想要傳達的意念、使用的體驗與營造的氛圍凝結如打磨過的鑽石，綻放耀眼光芒。減法的力量是一個難以掌握卻極其重要的一門話題，也是值得我們一生持續思考與探究的命題。但願我們讀完本書，都能如法國雕塑家羅丹一般，從碩大的原石之中，排除各種雜訊，精煉並雕塑出屬於我們每個人的沉思者，持續尋找更優雅的設計與生活方式。

——陳威帆，Fourdesire 創辦人暨執行長、《玩心設計》作者

《減法的力量》帶給我最深刻的讚賞，其實就是「彈性」。無論是加法有益，還是減法優勝，其實都是二元對立的思維。眞正重要的是，適合當下的自己，能

因時制宜地先加後減或先減後加，或者將不同領域的加減搭配，都是好作爲。

因此，你的內心能夠獲得自由，不再追趕、盲從，細心體會且過好生活。「編輯舊文」取代「撰寫新文」讓我聯想到，許多人都有潛在的知識焦慮，不知不覺地囤書，深怕自己落後及差人一大截。若能把手邊的好書，重新並仔細再讀，相信能萃取出更深的理解，也能讓隱隱作祟的內心焦慮獲得緩解。

透過《減法的力量》帶來精簡的理想生活，讓你擁有美好而自由的人生。

——洪培芸，臨床心理師、作者

行爲科學頂多只能協助人們改善生活，也許能幫助大家用新的方式來思索舊的事物，或加入一些更好的新習性。但是雷迪·克羅茲透過《減法的力量》讓我們明白，對生活進行一些刪減，能帶我們看見更令人興奮的全新境界。

——卡蘿·杜維克，《心態致勝》作者

這本令人愛不釋手的作品探討了我們在追尋成功與幸福時最常犯下的一些錯誤。雷迪．克羅茲把自己的專業知識跟建築工程和行爲科學做結合，指出我們的心智數學中的一個大漏洞：我們總是在添加工作、承諾和財物，卻完全忽視了進行任何減法。如果你現在的人生在各方面就是「更多」，那你眞的需要讀這本書。

——亞當．格蘭特，《給予》《反叛，改變世界的力量》作者、TED播客《工作生活》主持人

雷迪．克羅茲帶讀者踏上一場求知之旅，探索一個令人好奇的問題：我們在設計自己的世界時，爲什麼似乎總是採用加法，而非減法？《減法的力量》融合了學術研究、故事和務實工具。好好享受這趟旅程吧！

——丹．希思，《創意黏力學》共同作者、《上游思維》作者

好的作品能帶讀者踏上一場旅程，前往一個充滿獨特想法和迷人故事的異國。而偉大的作品能改變你所在的世界，拉開隔廉能揭露你根本不知其存在的謎

團。這本書就是偉大的作品。你如果不夠了解自己的人生，卻又想在這方面有所改進，就該讀這本書。

——森迪爾．穆蘭納珊，麥克阿瑟獎得主、《匱乏經濟學》共同作者

這部作品奠基於充分的研究證據上，而現在就是閱讀這本書的最佳時機，因為有太多事情需要減法：蔓延於美國各地的歧視性結構；讓人們沉迷於享樂主義，並破壞地球生態與氣候的消費心態。

——艾爾克．韋伯，能源與環境教授

《減法的力量》實在不可思議。雷迪．克羅茲以生動的方式帶我們探討兒童玩具、進化論、蘇斯博士、人類學、種族主義、認知心理學、都市計畫、全球暖化，以及建築學，讓我們了解解決問題的辦法常常是移除一些東西，也就是採用減法、想學習減法。你因此必須先把《減法的力量》加入自己的書單。

——貝瑞．史瓦茲，《選擇的悖論》和《我們為何工作》作者

雷迪・克羅茲的《減法的力量》訴說了一種能改善人生的廣泛哲學：人類先天傾向於採用加法，像是金錢、想法、發明、財物，以及複雜念頭，但邁向幸福之路是採用減法。你不需要是個有錢人，或擁有超人般的自制力，或擁有一大堆時間，也能採用減法。你唯一需要的，是擁有正確的態度，以及一個能幫助你學習如何更有效地採用減法的工具箱，而《減法的力量》就是這個工具箱。

——亞當・奧特，《欲罷不能》和《粉紅色牢房效應》作者

目次

前言

另一種改變

1

我和家人一同造訪舊金山時，當地的「安巴卡德洛」（The Embarcadero）是我們的首選地點之一。一家人去看了諸多歷史悠久的碼頭和舊金山渡輪大廈，沿著兩旁豎立棕櫚樹的一條海濱人行道散步，在一座綠意盎然的公園裡尋找野生鸚鵡。一位氣球藝術家幫我的幼子以斯拉做了猴子氣球，學步不久的他搖搖晃晃地走向碼頭的海豹，向牠們炫耀氣球。現場的遊客們似乎都在做令自己終生難忘的事。

這個地點也因爲一場地震而令人無法忘記。好吧，除了地震之外，一位名叫蘇的女子在這方面也有功勞。

安巴卡德洛在成爲觀光勝地之前，原本是一條雙層水泥高速公路。和美國許多串聯城市的高速公路一樣，安巴卡德洛濱海大道也是在第二次世界大戰結束後所興建；聯邦政府建造這類道路，是爲了方便動員部隊，同時也想讓數量持續增加的私家車輛上路。

位於舊金山東岸的安巴卡德洛濱海大道延伸超過一哩，在完工後的幾十年間擋住了珍貴的美景和前往海灘之路。在這座城市的其他地區，一群社區組織者（這些人一開始被支持興建高速公路的團體，貶稱爲「小小的家庭主婦」）認爲那些計畫對這座城市的發展弊大於利，因此阻止高速公路的相關計畫。但是沿安巴卡德洛區的這條高速公路，當時每天服務了數以萬計的車輛。「判斷是否有必要興建一條新的高速公路」是一回事，但是「決斷是否該拆除一條已興建完成的高速公路」又是另一回事。幸好，舊金山當時擁有蘇·比爾曼（Sue Bierman）這號人物。

蘇·比爾曼在美國中部的內布拉斯加州長大，於一九五〇年代搬去舊金山，她在音樂方面所受的訓練遠多過「都市計畫」領域。但是，比爾曼生性樂觀，而且幹勁十足。她高中時曾擔任畢業生代表，並且熱愛閱讀。她以社區組織家庭主婦的身分，學習舊金山的事務如何運作。憑藉這個身分所獲得的成功，她在一九七六年贏得了正式委任，成爲該市的都市計畫委員會成員。

在公眾服務上，比爾曼做事一絲不苟。她的計畫委員會透過各式各樣的衡量方式，研究了安巴卡德洛濱海大道，像是它負擔了多少運輸交通量；爲城裡的商業圈帶來了多少客人；對地產價格影響的程度；以及經由它連結而至、所穿越的各個地區因此受到多少生活品質的影響。該委員會也評估了各種選項，考慮該如何改造既有的高速公路。如果把雙層高速公路改成地下隧道，代價是什麼？好處又有哪些？如果延長這條高速公路，讓它接上金門大橋呢？或是最好別碰它，而是專注於這座城市其他區域的發展計畫？經過將近十年的分析和努力，比爾曼的委員會終於在一九八五年提出了針對安巴卡德洛濱海大道的計畫：拆了它。

高速公路附近的商家們反對這項計畫，擔心車流減少意味著客人變少。但現在回顧這件事，更令人驚訝的是，反對拆除案的不只是商家。舊金山居民在是否拆除這條高速公路的相關投票結果上，差異非常顯著：只有三分之一的選民想拆掉它，而另外的三分之二希望保留它。大部分的選民反對拆除案，或許是擔心車流量減少，生意會受到影響，也可能只是害怕改變。既然人民已經發聲，蘇・比爾曼及其委員會因此放下這件案子，繼續忙其他工作。

要不是一九八九年十月十七日發生了洛馬普里塔地震，安巴卡德洛濱海大道原本會繼續阻擋住舊金山的沿岸。那一年，我是個熱愛觀看運動賽事的中學生，正期待欣賞美國職棒大聯盟世界大賽的第三場比賽，和全國數百萬人一起經歷了這場地震。一開始是電視畫面變黑，接著聽見舊金山燭臺球場的播報員驚慌失措的聲音，然後電視畫面上出現高速公路崩塌、城中四處起火的現場景象。

洛馬普里塔地震造成了六十多人罹難，數千人受傷。一塊跟籃球場一樣大的水泥從奧克蘭海灣大橋的上層砸落至下層。海港區各處發生火災，距離安巴卡德洛的北側只有幾條街。人們從家裡匆促抓了一些行囊，逃出家中，坐在屋外，無處可去。光是這場地震造成的財物損失就高達六十億美金，是當時美國歷史上最昂貴的地震。

這場地震改變了拆除安巴卡德洛濱海大道的相關計算。首先，在地震發生後，這條高速公路已經不再能使用。因爲，修復受損的老舊結構、讓它能再次運送車輛的費用，將遠高過直接拆掉它。第二，這場地震是一個悲劇性的警告，指出了高架式高速公路所暗藏的風險。洛馬普里塔地震的罹難者，大多是在奧克蘭的賽普勒斯街高架橋崩塌時被壓死的。正如安巴卡德洛濱海大道的長度將近一哩、結構又是雙層高架式的水泥大橋，就會讓人不吉利地聯想到賽普勒斯街高架橋的下場。

儘管如此，在震後餘生中，許多聰明的舊金山居民還是想復興被破壞的家園。工程師們建議修復它，用更粗的水泥柱支撐，也就是繼續沿用它。當地的商家和許多居民都贊成這麼做。赫伯．凱恩（Herb Caen）曾榮獲美國新聞界最高榮譽「普立茲獎」，也是《舊金山紀事報》的專欄作家，拆除高速公路後的沿岸海濱人行道正是以他爲名。他當時表示：「人們再一次『認眞討論』要不要拆掉安巴卡德洛濱海大道，而拆掉它的想法比當初興建它更糟糕。」

但這次沒舉行全民投票；如果有，這條高速公路大概就會被保留至今。這項決策交給了舊金山監督委員會，他們終於以六比五最些微的差距，贊同了都市計畫委員會當年的建議。

不過，蘇．比爾曼沒能開心多久。一九九一年，新上任的市長解了她的職，他履行了選前承諾，廢除了都市計畫委員會，就因爲他們拆除了安巴卡德洛濱海大道。

這條高速公路的時代終究是結束了，在經過一場地震和幾個公務員被解雇之後。它被拆除後，遊客和舊金山居民再次獲得了沿岸美景。之後的十年，沿岸周圍的房地產數量增加了五〇%，工作量提升了一五%，這些成長遠超過城中的其他地區。不同於一些人所預測的，高速公路的拆除並沒有造成塞車夢魘。人們調整了自己的行車路線，使用路面街道，走其他交流道上海灣大橋或使用大眾運輸。人們找到新辦法在城中移動。原本只用來運載車輛的通道，現在不僅駕駛人可以使用，許多行人也能運用。

對探訪過此地的人來說，這類證據隨處可見，一看就能明白安巴卡德洛爲什麼不該被高速公路遮蓋。二〇〇〇年，該高速公路被拆除的十週年，一篇《舊金山紀事報》的報導說：「幾乎沒有任何人覺得拆掉這條高速公路是壞事。」

蘇．比爾曼逝世時，報紙上的一篇悼詞稱讚她爲舊金山服務的五十年間，是「眞正的社區運動者」。今日，蘇．比爾曼公園位於沿岸附近，被繁忙的金融區所包圍，一片五畝大的綠洲，我和兒子以斯拉就是在這裡尋找野生鸚鵡的。

一

蘇．比爾曼最後一次試著促成安巴卡德洛濱海大道的拆除案時，南非前總統曼德拉正在奧克蘭競技場對著六萬人演講，並感謝碼頭工人里歐．羅賓森（Leo Robinson）。令人意想不到的是，住在舊金山的羅賓森其實是對抗南非權威政權的英雄。

羅賓森出生於路易斯安那州的什里夫波特市，但因爲舊金山的灣區提供給非裔美國人優於美國深南部的生活，爲此一九三七年他幼時和家人搬遷過去。但實質上，羅賓森一家其實是生活在一個實行種族隔離的「劃紅線」街坊。里歐父母之所以能找到工作，純粹是因爲總統下達的行政令，也因爲人們示威反對具有種族歧視的雇用方式，再加上戰期經濟造成的勞力短缺所導致。羅賓森在高中最後一年輟學，投入海軍，在韓戰結束後服役。

羅賓森從海軍光榮退役後，在一九六〇年代初期開始在碼頭工作。他一開始很少管別人的閒事，更別提遠在南非的事。羅賓森在描述自己如何萌生「政治行動主義」的思想時，回想起一場談話，當時的他覺得自己懂得太少，沒資格對美國參與越戰發表意見。不過羅賓森因此開始深入地關心政治，不久後便在一些全球議題上展開行動。

羅賓森關心的目標之一，是南非的種族隔離制度。這種充滿歧視的隔離政策，讓他想到自己在實行種族隔離的街坊生活時，遭遇了多少困難，以及美國國內一些歧視性的雇用制度和收入不均的問題。羅賓森著眼於這些議題，還幫忙集結並教育一群反種族隔離的碼頭工人。

一九八四年，奈德洛伊金伯利號（Nedlloyd Kimberley）在舊金山的八十號碼頭靠岸後，羅賓森及其碼頭工人們卸下了船上大部分的貨物，但拒絕搬運來自南非的東西。那些「染血」的鋼鐵、汽車零件和葡萄酒全都繼續被放在甲板上，無人觸碰。羅賓森的團隊影響力非常強大，附近的碼頭也因此拒絕接受來自種族隔離制度國的貨物。

正如羅賓森所希望，碼頭工人拒絕卸貨引發了一連串的反種族隔離行為，數千人開始每天在受困的奈德洛伊金伯利號旁邊示威。不久後，奧克蘭市針對在南非做生意的公司進行全面撤資。加州響應了奧克蘭市的號召，把原本投資於南非的資金（超過一百一十億美金）轉去其他地方。類似的撤資行動也蔓延至其他城市、州和國家。包括奇異公司、通用汽車和可口可樂在內的國際企業，也急忙地跟實行種族隔離制度的南非做切割。

當時已經有許多地區的人民，對種族隔離制度做出大規模的反抗，尤其在南非內部，這也是曼德拉和類似的社運人士遭到監禁的原因。隨著國際撤資行動的展開，種族隔離制度因此邁向尾聲。這就是爲什麼曼德拉在奧克蘭市演講的時候，感謝里歐·羅賓森及其碼頭工人「成爲灣區反種族隔離運動的前線戰士」。

一

里歐・羅賓森改善了一套社會制度。蘇・比爾曼改善了一座城市。伊莉諾・歐斯壯（Elinor Ostrom）改善了一個想法。曾榮獲諾貝爾獎的歐斯壯並非精通於延伸，而是善於雕鑿想法，這種能力在許多諾貝爾獎得主當中其實很常見。

歐斯壯在印第安納大學擔任教授，畢生研究經濟治理，鑽研了一套稱爲「公地悲劇」的理論。這套理論最初是由生態學家加勒特・哈丁（Garrett Hardin）所提出，他在一九六八年發表了一篇深具影響力的論文，再次探討牧人們在一片公地上放牛吃草的古老寓言故事。每個牧人都必須決定讓多少頭牛在這片土地上吃草，如果每個牧人都懂得自我克制，只放出數量合理的一群牛，這片公地每年就會有足夠的時間，能讓草重新長出來，也就可以支持世世代代的牧人。但這其中會面臨兩難局面：如果有一些牧人會控制放牛的數量，但另一些卻不這麼做的時候，那麼公地的牧草就會慘遭消耗殆盡，而懂得自制的牧人就等於錯過了「得到更多牧草」的短期利益。意思就是，你就算想當個不自私的牧人，但如果知道其他牧人很自私，那你還不如盡量且盡快地多拿一點。有花堪折直須折。

哈丁把這個牧牛比喻套用在現代的環境問題上。他認爲，只要有些資源對很多人有用，但不屬於其中任何人擁有的時候，自私的放牧行爲將會獲勝。許多環境問題可以視爲常見的兩難局面，包括氣候變遷。維持我們生命的大氣層就是公共資源，而人類每天燃燒化石燃料，把分量大到致命的溫室氣體排放到大氣層裡，這就是自私的牧人。哈丁主張，想解決這種常見情境、延緩環境重創的唯一辦法，就是將自然資源私有化。

哈丁的公地悲劇理論，是源自於對「人類動機」的假設，關於「管理公共資源的相關規定」，以及資源本身。不過，歐斯壯認爲這些假設是錯誤的，其實人類的公共資源管理能力很好，不會引發悲劇。透過辛勤的實地研究，歐斯壯發現這種現象能在世界各地找到，像是印尼的森林、尼泊爾的灌溉系統，以及新英格蘭的龍蝦漁場。

哈丁是透過某個寓言故事來提出一個廣義的理論，歐斯壯則是從證據中提煉出更細微的論題，其中之一是公地悲劇可以被避免，辦法是結合社群對資源的照顧（例如，龍蝦漁夫們會在酒館裡討論如何自我管理，以防止過度捕撈），以及較大規模的管理（例如，如果某個龍蝦品種瀕臨絕種，聯邦法律就可能禁止所有龍蝦捕撈）。

伊莉諾·歐斯壯爲集體知識提供了贈禮，就像爲這項理論進行了編輯。她從哈丁認爲公共資源注定會走向悲劇的想法出發，點出其實每個情況都如戲劇般獨特。她發現只要透過細心的計畫，我們其實可以爲自己寫下比較圓滿的結局。

—

以上這三個案例的共同點，都是汲取了「減法的力量」。爲了開創出這世界上最受歡迎的一個觀光勝地，蘇·比爾曼減去了一條高速公路。里歐·羅賓森促成了金融減法，引發種族隔離制度的崩潰。伊莉諾·歐斯壯減去了一些錯誤的想法，讓人類能有更好的方式，面對共同的未來。這三人能達成正面的改變，是因為他們的想法、勇氣，以及堅持採用減法。因為他們看到其他人忽略的機會，所以都達成了改變。

2

你的新年新計畫是不是常常以「我應該多做些……」開頭，而不是「我應該少做些……」？

你現在擁有的東西是否比以前多？

你是不是花更多時間取得資訊（例如，透過播客、網站或談話），而非從自己已經知道的事物當中來萃取精華？

你是不是花更多時間寫些新的內容，而不是編輯現有的內容？

你所創立的組織、計畫和活動，是不是比你逐步淘汰的項目更多？

你在家中或工作場合是不是訂下越來越多的新規定，而不是刪除一些現有的規定？

你是不是花更多心思考慮如何為弱勢團體提供優勢，而不是考慮如何移除一些人不該擁有的特權？

今天的你，是否比三年前更爲忙碌？

如果你對以上任何一項提問的答覆皆爲「是」的話，那你並不孤單。我們爲了努力改善人生、工作和社會而拚命「添加」。你將在接下來的章節中發現，這種舉動背後有著許多錯綜複雜的原因，來自文化、經濟、歷史，甚至生物學。我們也將明白，自己其實不需要這麼做。

別誤會，有時候更多確實更好。例如，我和家人從舊金山之旅返家後，我們的房子當時剛完成擴建，新建築物裡有五間臥室。但是在其他案例上，加法只適合某些情況，在其他時候只會讓我們更爲忙碌不堪，就像擴建屋的一樓地板上散落著數以萬計的樂高積木。此外，減法有時候能帶來喜悅。我不再局限自己只在跑步機上跑步了，我以前會在跑步機上聆聽有聲書和播客，同時看著電視上的新聞，我的大腦根本沒機會把資訊轉成知識再換成智慧。直到我看了一些相關證據，改善了「如何取得獎勵」的想法之後，才明白減法所帶來的獎勵。

一

無論是蘇．比爾曼勘查舊金山的沿岸，或是我考慮擴建房子，還是你安排新年新計畫，其實我們都是在做同一件事：試著把一件事從現況改變成自己想要的狀況。在這種隨處可見的改變行動上，一個選項是把更多東西添加在已經存在的事物上，無論是物件、想法，還是社會制度。而另一個選項，就是從現有的事物上減去一些東西。

問題在於，我們常常忽略減法。比起「透過加法進行改變」，人們更難想起透過減法可能帶來的改變（下一章將探討這個現象）。人類就算想到這種改變方式，減法行動也可能更難付諸實踐。但我們有所選擇，並不需要讓這種「忽視」繼續造成城市、機構和心靈的損失。我必須說清楚，「忽視某種改變的類型」就會導致所有人的虧損。

「忽視減法」會對我們的家庭造成損害。現在一般人的家裡有超過二十五萬個物品，但總得有人整理並記錄一大堆果汁機、不再合身的衣物、樂高，還有從舊金山遊玩回來後早已洩氣的猴子氣球。這麼多東西占據了人們大量的金錢和心思，也代表我們的時間只會越用越少，尤其當這個道理受到忽視：減法能讓我們在顯然過度繁忙的行程中，喘口氣。

我們在各種機構都忽視了減法。在政府機關或自己家裡，人們的預設措施就是添加更多要求。以斯拉面對越來越多的規矩，成年人也面臨越來越多來自聯邦政府的規定，現在的條文數量是一九五〇年的二十倍。過多的規矩和繁文縟節，反而會讓人無法做出大家希望他們做出的行爲，不管發生在我們孩子身上，還是你將在後續章節看到的酪農身上。此外，在社會變革方面，我們忽略的減法選項往往會成爲更好的選擇。捐錢給反種族隔離制度的社運人士的確有幫助，但無法移除負面制度的力量。而拿走種族隔離制度的資金，就能達成這種目的。

在「我們如何理解這個世界」一事上，「忽視減法」是深具影響力的因素，專家因此把學習定義爲「知識**建構**」。當我們誤解了某一處的知識，卻又在這項錯誤知識上建構了更多的知識時，這就等於爲了撐住被地震震壞的高速公路而試著拿些柱子抵擋。更理想的做法是，劃除已經過時的想法，把知識建構在穩固的大地上。然而，我們身爲個體、社會成員，在聽聞加勒特・哈丁的公地悲劇理論之後，通常不會對此質疑，而這點尤其有害，因爲哈丁信奉優生學，他利用公地悲劇理論來反對「多種族社會」。無論一個想法從何而來，如果我們想維持開放的心態，就需要努力做出違反直覺的「減法」行動。

「忽視減法」甚至對我們這顆星球有害。就像蘇斯博士在五十年前創作的經典環保主義作品《羅雷斯》（*The Lorax*）中所提出的想法，我們如果想爲後代留下自然資源，現在就需要減去一些東西。例如，大氣層裡的二氧化碳濃度已經超過安全範圍，我們就不能只是希望減緩二氧化碳的增加（雖然這麼做也是個好的開始），而是必須直接減去二氧化碳。

如果你是**減法式**的讀者，我有些好消息要告訴你：只要了解我們採取加法的本質和原因，就能學會如何在不同的領域中找到共同的減法原理。如果你就是爲數不多的減法式思想家之一，將懂得如何察覺我們試著改變時產生的一些低效率做法。

3

這本著作展現了我長久以來對減法的熱愛。從青少年時期開始，我就思索一個問題：爲什麼許多人似乎沒辦法丟掉對人生毫無幫助的東西？我當時的暑假打工是幫人割草，這份工作讓自己有很多時間可以思考，我常常想著：人們似乎只有在需要割草的時候，才需要草地。

時間快轉到割草時光的二十年後，我跟兒子以斯拉玩耍的時候會想著減法。跟我在他這個年紀相比，他是不是擁有更多書本、樂高，以及令他分心的事物？爲什麼他在能說出完整句子之前，就早已找到辦法去建造、添加和累積，無論他面對的是哪種活動或玩具？

我在割草和分析幼兒的期間，經常思索人們爲何很難採用減法式思考，以及這種思考方式能帶來多麼龐大的獎勵。我在大學修的是土木工程學士學位，這門學科的焦點是造房搭橋，可以說是以斯拉玩積木的專業版本。諷刺的是，我在學習添加實質基礎設施的相關科學和數學時，那些數量龐大的內容讓我看見心智減法的價值。

我在大學畢業後，花了幾年時間在新澤西州建造校舍。我發現減少地板、瓷磚的數量，能讓學習環境更容易清理，也因此對人體健康更有益。我發覺經過簡化的營造程序，能讓工人更容易跟上進度。我察覺刪除多餘的營造行政命令，辦公室能因此運作得更爲流暢。我也看出這類減法的作風是多麼罕見。

我在成爲教授後，開始投入大量心力思考減法。我上一次能一邊思考一邊拿到酬勞，是以前在暑假打割草工的時候。而現在，我擁有一些新工具，能幫助自己用更有效的方式思索減法。

我和大多數的教授一樣，很高興能把職涯投入於創造和分享（有時候是減去）知識。但跟大多數教授不同的是，我不算把自己局限於某一門單一學科。我的正式頭銜上有工程、建築和商務這些關鍵字，但在最親密的同事眼裡，我是個行爲科學家。我這種跨領域的身分，意味著自己在行事曆上有更多會議要取消，收件匣裡有更多電子郵件要過濾。但這些不便只是我付出的小小代價而已，因爲我獲得了一個獨特的人際網絡，而你將在這本《減法的力量》裡目睹該網絡中的想法和工作成果。

我就是因爲涉獵諸多學科而改善了自己對減法的想法。我在割草時獲得了那些根深柢固的想法，在這幾十年來形成了一些讓自己感到興奮也感激的證據，我想盡可能跟人們分享這些證據。

探討這些證據之前，我們必須先明白自己究竟在尋找什麼。透過概念上的區別，我改善了自己的思考方式。我曾耗費數千小時試著想出某個道理，現在把這個道理濃縮成下面兩個段落，以便你吸收：

我取得這項突破的時候，明白讓自己感興趣的並非簡化、優雅，或任何形式的「少即多」。相反的，減法本身就是一種行動。精簡就是一種最終狀態。精簡有時候是減法的產物，但有時候則是不採取任何行動的結果。這兩種精簡有著天壤之別，我們只有透過減法才能取得更罕見、更有獎勵的那種精簡。

換言之，減法是通往精簡這種狀態的行動，但不等於採取更少的行動。事實上，通往精簡這種狀態，常常意味著需要採取更多行動，或至少更多的思路。拆除一條高速公路的難度，遠高過不碰這條路，或一開始就不建造這條路。我的團隊在研究中發現，心智減法也更耗腦力。也因此，減法式思想家並不需要奉行極簡主義、享樂主義、反科技主義，或任何因爲本質輕鬆而受歡迎的那種哲學。事實上，我們如果把那些哲學跟減法混合，會發現這麼做失去了刪除的選項，也忽視了讓減法能成眞而需要的努力。

我在弄清楚思考路徑之後，我的團隊花費了數萬小時進行研究。我們做了實驗、討論、寫報告、發表論文，而且重複這個過程。我們發現人類會忽視減法，很少想到這種改變方式，就算減法明顯是更好的選項。

我接下來必須問的問題是：爲什麼會發生上述的情況？然後，我們如何讓自己更能發現可以運用減法的地方？

4

並不是我最先注意到減法的力量。許多人提出了有用的建議，因爲它們能協助我們更接近減法式思想，例如：電腦科學家卡爾．紐波特宣揚「數位極簡主義」；名廚傑米．奧利佛把食譜精簡成只需要五種食材；專業整理師近藤麻理惠教導人們如何整理雜亂的居家環境。這些大師都教導了我們能透過哪些明確方式來進行減法，改善自己的生活，而且他們所提供的這些反直覺建議都爲我們帶來了喜悅。

然而，爲什麼這類建議至今依然令人驚訝？我爲什麼需要閱讀三本不同的書籍，才能解決自己在電腦、烹飪和整理這三方面，遇到的同一個基本問題？五百年前的達文西把「完美」定義爲「已經不剩任何東西可以刪去」；七百年前的「奧坎的威廉」表示「化簡爲繁乃徒勞無功」；兩千五百年前的老子則建議：「爲學日益（若想取得知識，每天增加一點東西），爲道日損（若想取得智慧，每天減少一點東西）。」

我從這些提倡減法的歷代先知身上學到很多，但最重要的教訓是，他們是少數的例外。這點證明了一個事實：他們的建議之所以流傳至今，是因爲我們依然忽略減法。

雖然這種忽略所造成的後果在我們的環境中最爲明顯，但這些可見的後果源自我們的思考方式。拉爾夫．沃爾多．愛默生在《論自然》中，以饒富詩意的手法把我們的思路和實質世界連結在一起：

> 觀察每日生活中的一些想法……看見木材、磚塊、灰泥和石頭如何被塑造成方便使用的形狀，聽從許多工人共同遵從的一個主導想法……也因此，最小的想法能在外界事物上引發最顯著的改變。

身爲心理學之父之一的威廉．詹姆士，曾從其他方向觀察到同一個原理。他在《心理學原理》中，描述我們的家和其他物質物體如何成爲人格的一部分。

這就是我爲什麼涉獵許多學科，包括設計、行爲、工程、心理學、建築、商務，以及政策。我這麼做，是爲了了解思考方式，我們的思考方式激發了哪些創造，這產生了什麼樣的想法，什麼被創造出來，以此類推……

我們的外在和內在世界之間的共生關係非常強大，這就是爲什麼，蘇．比爾曼不只是拆掉了一座高速公路，而是幫助舊金山居民重新檢討車輛、居民和這座城市之間的關係。事件與想法的交融讓里歐．羅賓森不只引發了國際撤資，更幫助了美國人明白自己在南非有兄弟姊妹。把焦點從想法轉移到實事上的伊莉諾．歐斯壯，不只是移除了一個關於公共資源的錯誤想法，更改變了許多地區的環境，像是印尼的森林和科德角的漁場。

我們如果在哪個時候特別需要伊莉諾、里歐和蘇這種人，那就是現在。COVID-19這場大流行病給了我們一個改變的機會，儘管代價極其高昂。它迫使我們重新思考自己的每日行程、所居的街道和城市，還有社會。這場大流行病影響了我們的旅行和消費，排入大氣層的二氧化碳總量因此第一次減少。我們該如何把握自身這種自私行爲的罕見改變？我們會選擇繼續維持大流行病帶來的一些減法式生活方式嗎？我們是否至少能同意，該永久刪去自己並不需要的會議和通勤？最近發生的，是美國人覺醒過來，看見長期盛行於國內的結構性種族主義。我們該如何把握這場覺悟？非裔美國人感染 COVID-19 的機率比白人高三倍。是不是多幾個非裔美國人擔任公眾健康官員，我們就滿意了？還是我們會利用這個機會來進行改變，減少國內的制度化種族歧視？這類種族歧視的一個例子，就是歷史上的「紅線制度」，限制非裔美國人只能在缺乏健康食物和健身機會的街坊生活。

現在跟以前一樣，無論是改變我們的生活方式或想法，或更動我們的城市或政治體系，都沒有單一答案。也因此，這本書的目標是幫助我們汲取另一種能帶來改變的力量：先明白我們忽視了減法（PART 1），然後學習如何解決這個問題（PART 2）。

PART 1

看見更多

第一章

忽略得更少

樂高、實驗室，以及更深遠的影響

1

某一天，我和以斯拉用樂高積木造橋的時候，突然領悟了一個關於精簡的道理。每一座支撐塔的高度都不一樣，這樣就沒辦法撐起橋面，所以我把手伸向身後，抓起一塊積木，想裝在一座較矮的塔上。我回過頭來，面向即將完成的大橋時，看到三歲的以斯拉從一座較高的塔上拿掉一塊積木。我的本能是增加矮塔的高度，但在這一刻，我意識到自己這麼做是錯的：想讓整座橋高度平均，拿掉高塔上的積木才是更快也更有效的辦法。

我自從當上教授，就一直試著把自己對減法的興趣，轉換成能用於研究而非只是空想的東西。我開始探究，哪些方式能讓建築和城市使用較少的能源，進而排放較少的溫室氣體。我研究了建築學和都市設計，探索了都市居民，也探究了都市設計師。隨著時日經過，我開始思索這些設計師，發現他們會走某種「心理捷徑」，就算這產生的成果不算理想：他們會專注於不重要的數字，茫然地接受預設選擇，而且受到案例的影響。儘管如此，我一直沒能從「研究建築和城市」轉換成「研究減法」。

以斯拉玩樂高的方式，讓我把自己對設計的想法帶往一個更爲基本的程度。在我家客廳裡造橋的情境，就是一個相對簡單的情況，改變橋的方式就是對它添加，以及拿走一些東西。以斯拉的選擇令我驚訝，也讓我意識到精簡就是一種最終狀態，而減法是通往這種狀態所採取的行動。

以斯拉之橋不僅把我的焦點從精簡帶往減法，也讓我獲得了一種充滿說服力的方法，能分享並檢驗自己的這項領悟。也因此，我開始隨身攜帶以斯拉之橋的複製品。我在學生們身上進行了這項實驗，看他們會如同以斯拉那樣進行減法，還是像我一般進行加法。答案是：每個學生都採取了加法。

我也帶著這座樂高橋去跟許多教授見面，其中一位是研究公共政策和心理學的嘉貝麗．亞當斯（Gabrielle Adams）。我和嘉貝麗在同一時期獲得了維吉尼亞大學的聘書。我接受這份工作，是因爲想跟一些在「設計」領域之外，研究人類行爲的學者合作。嘉貝麗就是這種人，她對許多領域做出了貢獻，包括辦公室政治、道德違規、道歉與原諒。我很欣賞她的成就，加上我們都被繁瑣的員工訓練和夜行性嬰兒搞得很累，我因此對嘉貝麗提出了一些兩人可以合作的方式。

我試著把自己對精簡的興趣融入嘉貝麗的研究中：「如果趕走辦公室裡的討厭鬼的話，就能改善辦公室政治。」我嘗試把精簡概念加入嘉貝麗對環境的重視：「一種使用較少材料的設計，能讓人類在發展的同時避免浪費自然資源。」我甚至測試把精簡跟流行趨勢融合在一起：「依據提摩西·費里斯的『每週工作四小時』準則，我們應該省略掉那些員工訓練。」嘉貝麗總是願意傾聽我提出的建議，但她沒看出哪個想法值得我們花時間去試。嘉貝麗在二十幾歲的時候就被商業教育網站 Poets & Quants 選爲「未滿四十歲的最佳教授」，她當然不願意接受曖昧不明的構想。

幸好，以斯拉（事實證明，他其實跟成年人一樣不太願意採用減法）親手爲我做了示範，讓我能在下次見到嘉貝麗的時候展示。我從背包裡拿出樂高積木，放在嘉貝麗的桌上，請她造橋。

因爲她很聰明，加上我們之前討論過精簡這個話題，所以我原以爲嘉貝麗可能會立刻看穿這項造橋挑戰。但她的反應就跟一般人一樣，也跟我相同。她為了造橋，在較矮的支柱上添加了一塊積木。

我興奮地向嘉貝麗說明以斯拉如何拿掉一塊積木，她在這一刻恍然大悟。她的反應讓我獲得了一套語言，能讓無數人明白這個道理，而不需要請他們先推著割草機繞圈圈，再花好幾個小時陪小娃娃玩樂高。她說：「噢，所以，你好奇的是我們為什麼忽略了『減法』這種能改變事物的辦法？」

我覺得她這種說法聽起來沒錯。

2

嘉貝麗明白我提出什麼疑問後，立刻加入我的計畫，也說服了心理學和公共政策教授班恩．康偉斯（Ben Converse）來參一腳。嘉貝麗知道我們遲早需要研究人們為何較少使用減法，因此她覺得班恩能幫上忙，他很了解人類在進行判斷和決策時的基本思考過程。

嘉貝麗的工作是教導碩士生如何進行「實驗設計」，但這項工作就是班恩的生活。他和他的伴侶（也是心理學教授）結識於一場關於實驗設計的研討會。

許多急切的家長（我猜也包括所有結了婚的心理學教授），都會對自己上幼兒園的孩子進行所謂的「棉花糖實驗」，看孩子做不做得到「延遲享樂」。在這項測驗的原始版本中，孩子會拿到一塊棉花糖，並被告知如果願意先等幾分鐘才吃下，就能再拿到一塊。有些孩子耐心等候，但有些小孩直接把第一塊棉花糖吞下去，犧牲了拿到獎勵的機會。對這批孩子進行的後續研究發現，在幼兒園時期願意爲了拿到第二塊棉花糖而等候的那些孩子，成爲青少年後在大學入學考試的成績更高。但是這種相關性的原因並不明確，所以不管你上幼兒園的孩子怎樣處理第一塊棉花糖，你都該繼續教育他們。你需要知道的是，班恩不僅對他自己的孩子進行了棉花糖實驗，也請伴侶複製了這項實驗。他就是你會想要的那種研究人員，但你得做好心理準備，因爲這種夥伴一定會要求你進行大量研究。

我跟班恩和嘉貝麗進行的第一批實驗是使用樂高。我們吩咐研究助理從校園各處找來受試者，他們接著帶受試者來到一個工作站，一張小桌上放著一個樂高結構，旁邊放著更多積木。此樂高結構，是用八或十塊樂高積木組成，聳立在一個縱軸與橫軸分別由八塊積木組成的扁平根基上。

每個受試者能隨心所欲地改變這個結構，然後把它交給研究助理，研究助理會數算這個結構一共被添加、移除或移動了多少塊積木。在所有經過改造的結構中，只有一二%的結果是積木數量比一開始更少。

我們當然也懷疑這個現象搞不好僅限於樂高積木。我們想知道這種「很少使用減法」的傾向，是不是也會出現在其他情況中？這種傾向在哪些情況會停止？

還是在任何情境都一樣會發生？

我們請受試者改變樂譜上一些隨機的「循環旋律」，發現他們添加音符的機率，比刪除音符的機率高三倍。我們請受試者修改一篇文章的時候，也看到這種情況發生的比例是三比一。我們請受試者改良一個由五種食材組成的煮湯食譜，而在九十名受試者當中，只有兩個人減少了食材的種類數量。

儘管如此，我們要怎樣確認自己並沒有提供「不鼓勵受試者採用減法」的情境？例如，我們在「修改文章」的研究中，也許提供了一些修改範例，裡頭欠缺了重要資料，因此需要添加一些東西進去。我雖然知道我們並沒有刻意提供對減法不利的環境，但我天天跟心理學家們相處，會因此懷疑自己是不是在潛意識裡犯了什麼錯。

想確認我們並沒有在無意間鼓勵受試者採用加法，一個辦法就是委託外人來建立這些情境。我們再次採用了樂高案例，這次提供了隨機組裝的結構，發現六十名受試者當中只有一人採用減法。我們請一批受試者各別組裝樂高結構，然後請另一批受試者改良這些結構，發現只有五%的人移除了原本的積木零件。我們也委託一批受試者，代替自己寫下實驗用的文章；這些受試者爲某一篇文章寫了摘要（關於在某座停車場底下，發現了理查國王的骨骸），然後我們請另一批受試者修改這篇文章。在這些人當中，只有一四%刪減了文字，把這篇摘要縮得更短。

絕大多數的人都是採用加法，不管一開始的實驗案例是由我的團隊隨機產生，還是由其他人提供。

然後，我們製作了一個自己確信能鼓勵人們採用減法的情境：我們請受試者改良在華盛頓特區的一日遊行程。在這套連續進行十四個小時的行程中，受試者將造訪白宮、國會大廈、華盛頓國家座堂、美國國家植物園、舊郵政局大廈，以及福特劇院；然後受試者會造訪林肯紀念堂、二次大戰紀念碑，以及越戰紀念碑；之後，這套行程的尾聲是拜訪一間博物館，再來是購物，最後是在一家五星級居酒屋用餐。光是在這些地點之間移動就需要兩個多小時，而且這還沒把華盛頓特區的擁擠交通納入考量。

所有受試者看到的行程是分成兩個部分：「上午行程：早上八點到下午三

點」，以及「下午/夜間行程：下午三點到晚上十點」。受試者能使用一種可拖曳的介面來修改行程，調整、添加和刪除活動。四名受試者當中，只有一人從擁擠的行程中刪除了一些活動。

無論是建造、寫作、烹飪，還是安排行程，我們的研究發現，大部分的人都是採用加法而非減法。我們接下來要問的是：能不能把這些發現概化到其他領域？如果所有條件都一樣，人採用加法的頻率是不是高過減法？

爲了檢驗這點，我們必須設計出一項無脈絡的研究，意思是我們觀察到的任何行爲，不能是因爲實驗中的某個環節讓受試者感到熟悉。我們想觀察人們如何改變一個他們以前沒接觸過的情況，也因爲未曾接觸而沒形成處理這項任務的相關習慣或傾向。這種設計將能證明，我們在改造樂高積木、煮湯和修改文章上發現的傾向，也能適用於其他領域。

我和嘉貝麗讓班恩加入我們的團隊時，也選了一批當時跟他合作的博士後研究生。安迪·海勒（Andy Hales）如今在密西西比大學擔任教授，他沒在鑽研減法的時候，是研究「排斥心態」（ostracism），以及對複製性最有利的實務。安

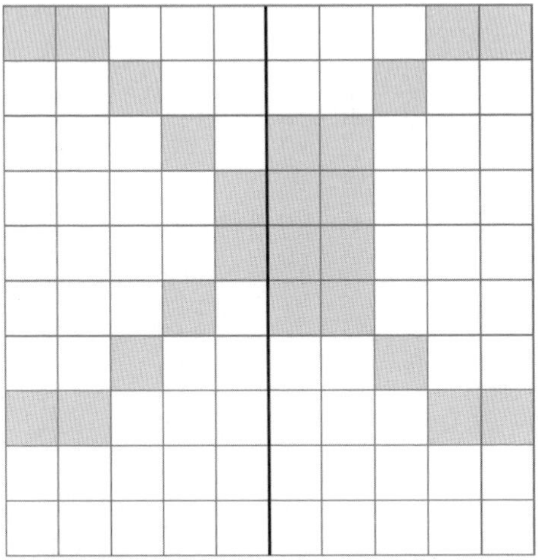

圖 1：安迪的網格圖案之一。

迪平時很悠哉，但在關於設計、執行和分析自己的研究計畫時，就變得很認眞。爲了達成這個目的，他成了班恩的激烈版，這對我來說是一項好運。

安迪爲我們的早期實驗提供了一些協助，後來成了制訂無脈絡研究背後的驅動力。他的反覆努力造就了六幅網格圖案，其中一幅請見上圖。你可以想像自己是受試者，嘗試作答。

你的任務，是讓黑色中線的左側和右側的圖紋彼此一致，如果其中一側被拿起來、放在另一側上面，紋路將完美重疊。而你面對的挑戰，是用「最少次數」的改變來達成這個目的。

有兩個答案是最佳辦法。第一個答案，是在左側添加四個灰色方塊。第二個答案也一樣簡單又正確：在右側移除四個灰色方塊。

但在這種無脈絡案例中，受試者們還是大多傾向於添加而非減少方塊，而且選擇加法的人數遠高過選擇減法。只有二〇%的受試者，選擇用減法來改變網格的圖案。

安迪取得的證據非常明確：這種加法背後的原因，不只是「習慣」。更多人選擇加法，並不是因爲他們喜歡被用於加法或減法裡頭的東西。如果人們認爲一座結構裡的一塊樂高積木，或是一碗湯裡的番茄有其重要性，他們就不太願意拿走這個東西，就算這麼做能讓一座結構或一碗湯變得更好。但是電腦螢幕上的方塊不會讓人覺得有重要性。受試者們在安迪的網格上進行加法，不可能是因爲他們愛上了數位方塊。

也因爲安迪的網格，我們得知受試者們採用加法，不是因爲加法或減法需要不同程度的努力。想拆開組裝在一起的樂高積木，確實可能有點困難。此外，雖然煮湯的食譜只是螢幕上的一份清單，但也許受試者正在想像「試著從湯裡拿走番茄」會是多麼麻煩的舉動。但在處理網格的時候，受試者只需要按一下滑鼠，或碰一下螢幕，就能把方塊從灰色變成白色，或是從白色變成灰色。我們也需要考慮到，每個人在進行加減法時所需的心智努力程度並不一樣，但這點無法解釋採用加法的人數爲何遠超過減法。

我向其他學者展示我們這項研究時，常常會有人指出：在安迪的網格上採用減法的受試者，其實可能以爲自己是在**增加**網格上的明亮度；拿走樂高積木的人，可能以爲這麼做是增加了空間；拿走番茄，是爲了增加美味度。這個問題確實是個麻煩細節。我們試過用常識，或者是一般人對更多和更少的定義來解釋這點後，便開始蒐集證據。

想知道人們如何思考的一個辦法，就是直接問清楚。受試者完成網格任務後，我們請他們說明改變網格圖案的方式，像是「我添加方塊，直到兩邊變對稱」，或是「我移除方塊，直到兩邊變得對稱」。這些自我報告式的答覆確認了一點：人們是把加法當成加法，把減法當成減法。

相關證據變得越來越明確。

一

一項設計良好的研究，尤其是如果許多人進行同一種研究，取得同樣的結果時，其美妙之處在於，我們所獲得的結論，不只適用於這項研究本身。我看到我們的研究發現後，忍不住想立刻下定論。

我向班恩表示，我們這些研究結果的一項合理解讀是，如果減法跟加法一樣有用，但較少被使用，這便意味著人類有一種潛力未被開發：在改變上，人們經常忽視某種基本的辦法。這種忽視也能解釋，爲什麼舊金山居民原本不願看到高速公路被拆，爲什麼我們很難清理雜亂的居家環境、行程和心靈。

但我們還沒準備好面對研究結果暗指的發現。班恩提醒我：「我們不能只是**可以**相信人們忽略了減法，而是**必須**相信人們忽略了減法。」

進行研究時，懷疑與信心的比例需要混合得恰到好處。懷疑能避免我們太早認爲「我們必須相信」，而信心能讓我們相信自己可以取得研究成果。班恩在提供懷疑這方面向來可靠。至於信心，我們當時正在確認實驗的「外在效度」（external validation，實驗結果類推到其他母群體的有效性），雖然這方面需要一些額外努力。班恩出席了一場關於判斷和決策的大會，地點在西雅圖，他向在場的學者們說明了我們的一些初步發現；不管他在那裡的談話讓他明白了什麼，他回來後更確信我們至少發現了一個「有趣的現象」。與此同時，我在普林斯頓大學做了演講，因此有機會詢問一位前輩的意見。她一開始的回應是「這項發現很有意思」，接著，就像班恩得到「有趣現象」的那種反應，然後她提出了一項警訊，清楚地讓我們知道自己必須進行更多研究：「這是個很好的哲學問題。」

我向來喜歡好的哲學問題。發現這個有趣的現象帶來了幾個後果，我最喜歡的一個是能跟各式各樣的人討論，這種現象能如何套用在關於「改變」這件事上。但在當時，我們的研究還沒找出某個重要問題的答案。的確，我們發現了人們進行減法的頻率低於加法，這確實是個有趣的現象，但問題是：**爲什麼**？如果知道答案，就能了解我們平時的加法行爲是不是害自己錯過了許多機會，而如此一來，我們也一定能找到辦法更常達成「精簡」，避免錯過機會。如果能獲得這個答案，我們就能獲益匪淺。

針對研究結果的某一項解釋令我心神不寧：也許人們是主觀地覺得減法不如加法。也許人們就是喜歡有更多積木的樂高、有更多字的文章、有更多灰色區塊的網格。如果一個人多放了一些食材，或許是因爲喜歡味道更複雜的湯；如果一個人選擇多參觀一家位於華盛頓特區的博物館，可能是因爲喜歡繁忙的旅行計畫，那麼採用加法的人做出了正確選擇。加法式思想家也許根本不喜歡透過加法所取得的成果，而是單純地喜歡加法這個行爲。或許我們選擇加法，是因爲喜歡自行組裝的東西，所謂的「ＩＫＥＡ效應」，也可能是因爲如果移除哪個部分，就等於承認之前加入的東西都成了「沉沒成本」。我們選擇不做減法，恐怕是因爲我們認定既然某個東西存在，必定是出於充分理由。又大概是因爲相較於「獲得」，我們更在意「損失」。沒錯，剷除一項錯誤的理論，拆除一條礙眼的高速公路，或是破壞種族隔離制度，這些都不算是損失。然而，就像我們將在第五章讀到的，人們很容易把「更少」誤認爲「損失」。

如果我們出於任何原因而選擇加法，那麼發現的「有趣的現象」就不一定會成爲問題。然而，如果我們根本沒考慮採用減法呢？如果我們根本沒看到這個可行性，那就絕對錯過了某些機會。

我的團隊需要從「我們可以相信」，提升至「我們必須相信」。人們是心甘情願地選擇繁忙的旅行計畫？還是根本想不到「自由時間」也是一種選項？

在班恩研究人類的判斷力和決策力的那個圈子裡，會討論「心智可及性」（mental accessibility）這個議題。我認爲心智可及性這個概念，很類似以斯拉對玩具櫃的「肢體可及性」，櫃子裡的書本和畫具都在他的視線高度，而拳擊手套和彈弓則放在更高的架子上。以斯拉對那座櫃子的可及性，會影響他多常使用某個玩具。在人類的大腦裡，可及性會影響我們多常把存在裡頭的一些想法，拿來套用於周遭環境。

可及性能促進心智效率。我們昨天才用過的某個想法，一定比在二十年前用過的某個想法更適合今天。雖然大腦會一併儲存「昨天的想法」和「二十年前的想法」，但前者更容易取用。然而，可及性也可能害我們走錯路；我們會低估乘車旅行的危險性，高估搭飛機旅行的危險性，這是因爲墜機事件更讓人難以忘記，也因此更容易想起。如此一來，我們更容易想起的想法，反而會促使我們選擇較不安全的旅行方式。

無論是要去探望爺爺、奶奶，還是改造安迪的網格紋路，我們的旅程都不是從空白的心靈狀態開始。沒錯，我們如何改變一個狀態，是取決於自主意識下所做出的選擇，但這些選擇是根據於哪些想法更迅速，也更容易進入我們的腦海。就像以斯拉更可能選擇跟他視線齊高架子上的書本，我們也更可能選擇「容易找到」的想法。班恩在家裡和所屬學術圈裡進行了討論，取得的推論是：「忽視減法」是一種症狀，原因是「加法是可及性更高的改變方式」。

我們可以驗證這項推測。

如果加法的可及性高過減法，那麼我們假設以下三種做法能縮短這種差距：

- 在腦海中進行深度搜索，尋找改變某個狀況的不同辦法；
- 刻意把減法納入考慮；

- 把更多「心智頻寬」（mental bandwidth）投入在「改變」這項努力上。

加深心智搜索的一個辦法是「重複思索」，這迫使我們也考慮第二個、第三個和之後進入腦海的其他構想。爲了驗證這點，我們回到安迪的網格測驗上。如果請受試者想出多個辦法來解決網格問題，他們會不會遲早想到拿掉灰色方塊，並選擇進行這種改變？

在這項實驗中，我們要求受試者在網格任務上先進行三次「練習」，第四次才是「正式」測驗。如我們所料，與練習時相比，受試者在進行正式測驗時更可能採用減法。而且跟沒有進行任何練習的人相比，練習過的人更可能在正式測驗上採用減法。人們一旦想到可以移除網格方塊，就更可能把這當成最喜歡的解題方式。在腦海中進行更深入的搜索，會讓人有更多機會找到減法式解決方案，而且意識到自己喜歡這種方案。

這項測驗，以及透過類似研究取得的證據，讓我想到我們在一開始進行這項研究時曾發表過的一場演說，我當時唯一能提出的說法是，人們就是不喜歡拆開樂高。在那場演講結束後的討論中，一位建築系教授表示，他幫助學生克服盲點（無論是否跟減法有關）的辦法，是要求他們針對手上的問題提出五、十個，甚至五十個概念上的改變。只有這麼做，學生才能選出自己喜歡的改變方式，也因此能學到更多。而我們取得的最新證據也符合他的經驗。

請人們重複思索一個問題，也能幫助他們透過減法來解決問題。這項證據暗指了一些減法技能，將在本書的後半部深入探討。這項證據也讓我們的團隊更接近一項「我們必須相信」的證據，指出「忽視減法」是有害的。我們不只是因爲「主觀地喜歡加法」而「接受了客觀來說較糟的結果」，也因爲一開始，我們就根本沒把減法納入考量。

我們針對可及性進行的第二項測驗，是刻意地讓減法進入腦海，不讓它被我們的大腦對兩種改變方式的儲存方式所壓抑。我們把這些實驗的任務設計成，能讓受試者在完工後清楚發現自己做了最好的選擇；如果減法進入了受試者的腦海

圖 2：樂高三明治中的風暴兵，揭示了人們在這個情況下忽視了減法。

艾略特．普爾皮奇（Elliott Prpich）攝

裡，他們就會選擇這個辦法。

在這個時期，班恩的兒子正處於「超級英雄崇拜期」的尾聲。他丟在各處的公仔玩偶，以及以斯拉的大量樂高，讓我們想出了「星際大戰風暴兵三明治」實驗。在這項實驗中，我們請受試者改造一個用樂高積木組成的三明治型結構，讓它變得更穩固，也必須夠高，能在風暴兵公仔的頭部上方撐起一塊磚頭。

每個受試者都拿到圖 2 中的結構，該結構是用樂高積木

以平行的橫向方式堆疊而成，這些積木接上一個垂直型支柱，其頂端僅以一塊積木和上方的板塊連結。

我們吩咐受試者：「改良這個結構，讓它能在風暴兵頭上撐起一塊磚頭，而不會倒塌。」

我們也提供了獎勵：「如果成功完成這項任務，就能獲得一塊錢。而你每加入一塊積木，就會少拿十分錢。」

讀者也可以試試看。

最好的解決方案，就是拿掉支柱最頂端的那一塊積木。只要拿掉它，最上方的板塊就能直接接在支柱的頂端平面，結構就能變得穩固，而且風暴兵的頭頂和磚塊之間依然保有充足空間。

拿掉一塊積木，就是解決這個問題的最快速辦法。此外，在這個題目上採用減法，也能讓受試者拿到一塊錢，而不會被扣錢。

儘管如此，大多數的受試者仍傾向於採用加法，而非減法。這證明了，就算成果有害，人們還是傾向採用加法，至少在他們試著改造一座樂高結構，讓它能穩固地在風暴兵頭上，撐起一塊磚頭的時候。

但是樂高結構的細節並不重要，因爲我們想知道的，並不是究竟有多少人想到採用減法，而是跟沒想到減法的受試者相比，曾經想到過的人是否更可能採用減法。

爲了壓過加法更高的可及性所造成的影響，我們將給一些受試者提供巧妙的暗示或提示，讓他們知道可以採用減法。如果收到提示的受試者更常採用減法，這就表示沒收到這類提示的人，忽視了減法。

施測者告知每個受試者：「如果成功完成這項任務，就能獲得一塊錢。而你每加入一塊積木，就會少拿十分錢。」受試者被隨機分成「提示組」和「無提示組」。提示組的受試者聽見來自施測者的一項額外指示：「拿掉積木不用錢，不會害你付出任何代價。」

這句指示就是線索，這也是兩組之間唯一的不同處。

無提示組之中，四一%的受試者移除了一塊積木。提示組之中，六一%的受試者移除了一塊積木。平均來說，收到提示的受試者贏得了八十八分錢，金額比未收到提示的受試者多了十分錢。那句簡單又巧妙的提示，讓人們發現一個原本可能忽視的可獲利解決方案。如此看來，沒收到提示的那組人不是選擇忽視減法，而是根本沒想到減法。

爲了確認這點，我們進行了一項由嘉貝麗設計的實驗，她受夠了我和班恩對樂高的狂熱。在這項實驗中，我們請所有受試者想像自己爲一座迷你高爾夫球場的副店長。受試者們在腦海中看到球道，並按照我們的要求「在不花費太多金錢的情況下，列出你認爲能改良球道的所有方式」。我們透過「建議別花費太多金錢」的方式，來鼓勵所有受試者考慮減法式改變。我們也把迷你高爾夫球場的球道設計成適合採用減法。受試者如果想讓球道變得更具挑戰性，可以拿掉角落的防護桿，這樣客人就無法利用桿片來讓球拐過角落；受試者如果想讓球道變得更簡單，也可以拿掉沙坑。

和風暴兵三明治實驗一樣，受試者也被隨機分成「無文字提示組」和「有文字提示組」，而這次的文字提示是這樣寫的：「別忘了，你雖然可以幫球道添加一些東西，但也可以拿掉一些東西。」

這條提示讓加法和減法都提高了可及性。結果發現，提示提高了減法的採用率（從二一%提高至四八%），但加法沒有提高。這讓我們明白，此項提示對已經想到辦法（加法）的人們來說是多餘的，但能讓他們想到可以使用減法。

迷你高爾夫實驗中還有一個重要的難題。所謂的「改變」可能有許多目標，而其中大多是試著改善現況。正如同蘇．比爾曼試著改善舊金山的沿岸景觀。伊莉諾．歐斯壯想改善人們對管理公共資源的了解。但有時改變的目標是介入，甚至破壞某個現況，就像里歐．羅賓森努力破壞種族隔離制度。爲了研究想破壞現況卻忽視減法的情境，我們進行了另一個版本的迷你高爾夫實驗，請受試者對競爭對手的球場做個友善的惡作劇，讓對手的球道「變得更糟」。無論目標是「改善」還是「惡化」，當受試者獲得了可以採用加或減法的提示，就能提高他們採用減法而非加法的機率。這些研究發現暗指了，我們在試著改善城市或減少種族歧視時，都忽視了減法。

這些研究發現讓我深信，人們採用加法的機率高過減法，這使得我們錯過了一些良好的選項，有時候是因爲我們根本沒想到可以採用減法。希望你閱讀到這裡時，已經能接受這個道理，但我們必須先把這個想法提升到更高的「我們必須相信」的程度。

進行了迷你高爾夫實驗之後，我的團隊還必須驗證「可及性的心智頻寬理論」。人類的大腦必須時刻面對不同的需求，這就是爲什麼我們不該在開車時分心，不該同時進行兩場談話，而且爲什麼擔心金錢問題的窮人很難拿出腦力來應付人生其他層面的問題。在下一個章節，我們將明白大腦如何在潛意識中採用減法，來保護珍貴的心智頻寬；在第八章，我們將學習如何在自主意識下也採用這種減法。但就目前來說，爲了確認可及性的影響力，我們只先改變頻寬，觀察會發生什麼事。理論上，如果心智頻寬更大，減法的可及性就會更高；反之亦然。

同樣的，我們雖然花了數千小時研究「忽視減法」，但也出於本能而對受試者的心智頻寬增加了一些東西。我們考慮給受試者更多時間思考。我們能否隨機地將受試者分組，讓其中一些人看到我們修改過的指示，請他們花五分鐘思索諸多選項，然後決定哪個是他們最喜歡的？但我們如果這麼做，就無法確認他們眞的會把這段時間拿來思考眼前的實驗，而不是別的事情。

如果我們拿掉頻寬呢？這樣會不會讓減法的可及性比平時更低？有一、兩個措施是大家公認能產生「認知負荷」，進而減少頻寬的做法。而且安迪也設計出一系列網格，只要受試者想到採用減法，他們不僅能在這些題目上取得同樣良好的改變，減法也顯然是更好的選擇。在這些網格題目上，受試者的任務是讓網格的左右對稱，上下**也**必須對稱，而且盡可能進行最少次數的改變。只要在網格的三個空白象限裡添加一些東西，就能取得對稱，但如果想透過最少的按鈕次數來取得對稱，就只能在方塊最多的一個象限裡進行減法。受試者必須想到採用減法，才做得出正確的改變。

我們在現場進行這項實驗時，指示對照組的受試者用自然的姿勢坐著，同時完成網格任務。而爲了減少另一組受試者的心智頻寬，我們吩咐他們這麼做：

「請用轉圈的方式轉動腦袋（專心用下巴轉動小圈，什麼方向都隨你）。你應該用一種受到控制、而且持續的方式轉圈（不是誇張的動作）。請在解答所有網格題目時持續轉動頭部，現在開始。」

讀者如果願意，也可以試試看，但在繼續讀下去之前就先別轉圈了。

在這項實驗的線上版本中，受試者處理網格的時候，我們會在他們的螢幕上投放大串數字。對照組的受試者被告知無視滾過畫面的數字，但頻寬受限組的受試者被要求每次看到「五」這個數字出現在螢幕上的時候，就要按下 F 鍵。

這些網格圖案和超過一千五百名受試者的實驗結果發現，心智頻寬如果越窄，採用減法的機率就越低。提示、腦內深入搜索，以及頻寬效應，提供了鐵三角般的證據：造成人們忽視減法的第一個因素，就是我們根本沒想到減法。

和之前與嘉貝麗討論以斯拉之橋那次一樣，我們關於心智頻寬的討論結果也令我難忘。我們花費了數千小時一同進行推測、討論、閱讀和分析。當時，在我們共享的「減法過得更好」的資料夾裡頭，有著超過兩百五十個子資料夾和一千七百份文件。對於「減法」研究來說，這種數量多得諷刺。安迪終於承認，他現在「必須相信」可及性。班恩對此露齒而笑地表示同意，白鬍底下露出兩排白牙。嘉貝麗當時人在加州，透過視訊跟我們開會，她提醒我們別忘了大局：我們也必須相信「加法的高可及性」讓每個人都失去了一些機會，因爲當我們終於看到減法的時候，會發現原來自己很喜歡這個選項。

4

透過樂高、迷你高爾夫球道和安迪的網格來研究減法的一項好處，是這些實驗的脈絡能讓我們嚴密地控制實驗中的各項條件。我們可以拿掉變異性，進而排除對忽視減法的其他解釋。我們可以安排實驗內容，讓在電腦螢幕上解答網格題目的兩組受試者之間的唯一區別，是其中一組被要求在解答的同時，說出螢幕上出現哪些數字。如果這一組的人較少採用減法，我們就能相當確定這是因爲心智頻寬縮小。

眞實世界的改變，遠比我們這些刻意保持狹義的實驗更爲混亂。當年那些舊金山居民，大概眞的很難想像拆除安巴卡德洛濱海大道，但原因不完全是可及性的缺乏，甚至也不是沒想到採用減法。

其他來自心理、文化和經濟的因素想必也是原因，這能解釋爲什麼人們忽略減法，爲什麼舊金山那條礙眼的高速公路存在了幾十年，必須因爲一場地震才被移除。也因此，我的團隊取得的發現，引發了許多更深入的疑問。我們小時候堆樂高，長大後擴建住處，這些加法行爲給我們造成了多少影響？基因是因素之一嗎？越多的財富會讓人更常，還是更少採用減法？

我們接下來將會發現，人們忽視減法，其實深深地扎根於先天因素和後天養成。這些根源跨越了各式各樣的科學領域和職業常態，從史前時代到現代人對成長的追求都可以發現。我們越了解這些因素，就越能發現精簡帶來的喜悅。

當我們在建造、烹飪、思考或作曲，管理自己的公司、時間和想法，試著把現況改變成自己期待的模樣的時候，都忽視了精簡。除非我們對此採取行動，否則就會錯過一些能讓人生更充實，讓社會機構更有效率，讓這顆星球更適合居住的辦法。

我們爲什麼會變得忽視減法？

第二章

「更多」想法背後的生理因素

我們的加法本能

1

園丁鳥（Bowerbird）會耗費大量的時間和心力，打造看來華而不實的巢窩。有些種類的雄園丁鳥也許會在一株樹苗周圍擺放樹枝，圍成一個圓形小窩，或者把樹枝垂直堆砌，形成狹窄的長方形巢窩。就像布置待售房屋的房仲那樣，這種鳥類會使用各式各樣的物品擺設巢窩，像是貝殼、花朵、莓果，甚至錢幣、鐵釘和獵槍彈殼。建造、擺設完成後，雌園丁鳥會參觀這些巢窩，甚至重複參觀中意的選擇。雌園丁鳥唯一需要做的，似乎就是決定住進哪個小窩。

然而，雌園丁鳥在選定巢窩，並與打造該窩的雄鳥交配後，就會去其他地方自建巢窩。雌鳥是在自己築的小窩裡，養大下一代的園丁鳥。雄園丁鳥建造的巢窩，其功用不同於一般的鳥窩。雄鳥製作這種禽類宮殿，投入大量努力，是爲了證明自己擁有優良的基因。

還記不記得，我在上一章提到的減法研究中，總共有兩百五十個子資料夾，以及一千七百份文件？沒錯，爲了儲存資料，其中幾個資料夾和文件有其必要性。如果有人想重製我們的研究，我們就會希望讓對方知道研究細節。而且，也許我們需要從其中一些文件裡複製、貼出一些資料。但我們大概不需要爲後代保留研究論文的第一版到第十八版草稿（不誇張，眞的有這麼多）。也許你在處理電費帳單上比我們果斷，但我相信不是只有自己會在一篇報告上保留不必要的段落，或展示一本自己根本沒打算閱讀的書。

我的過度存檔是不是源自某種本能，就像園丁鳥築巢那樣？這是某種進化優勢失控了嗎？畢竟，炫耀自己的生存能力是所有行爲背後的基本生理原因之一。鳥巢能傳達築巢者的生存能力；擅長組裝、搭建樹枝結構的雄園丁鳥，其整體健康狀況應該很良好。但我在電腦上又新增一個資料夾的行爲，又該如何解釋？

一九五九年，哈佛大學心理學家羅伯特．懷特（Robert W. White），試著用進化論來解釋我們爲何新增資料夾。懷特在一篇被無數人引用的論文中描述，我們「與生俱來地需要對環境採取行動」，這麼做不只爲了生存，也希望避免讓自己陷於無助。懷特用**能力**（competence）一詞來描述這個關鍵概念，意思是我們覺得自己有多少能耐來面對所在的世界。一九七七年，史丹佛大學心理學家亞伯特．班度拉（Albert Bandura）延續了懷特的關鍵概念，認爲我們能讓自己覺得有能力的唯一辦法，就是成功地完成任務。也因爲想應對這個世界的生理需求，所以我們每次在待辦事項上劃掉一個項目（或是寫出論文的第十九版草稿），就會感到愉快。

爲什麼覺得自己有能力的本能需求，會阻礙我們採用減法？畢竟，以斯拉在移除或添加樂高積木時，都能藉此對這個世界有更進一步的了解。沒錯，我們如果採用減法，也能**發展**能力。但問題是，我們如果採用減法，就更難**炫耀**能力。

我們把現有事物改變成符合自己期望的狀態後，就需要拿出證據，展示給夥伴、競爭對手，還有我們自己看。新蓋一條高速公路或新增一個資料夾，就能讓全世界看見我們做到什麼。然而，就像已經從舊金山沿岸消失的安巴卡德洛濱海大道，以及我們刪掉的幾個共用資料夾都再也不能向人們提供任何證據。不管某個減法行動帶來多少益處，都不太可能證明我們的能力。

我在上一章提過，人類錯過精簡的第一個原因，是因爲根本沒想到可以這麼做。我們如果決定採取少即多策略，就需要在一開始發現這是個選項，但我們常常看不見這點。然而，忽視減法選項並不是我們疏於採用減法的唯一原因。接下來將探討，我們的生理構造（本章節）、文化（第三章），以及經濟（第四章）不僅都引發了這種忽略，也促使我們就算想到採用減法，也會抗拒這個非常好的做法。

生理、文化和經濟因素當然也會彼此影響。高速公路不僅炫耀了建設能力，也刺激了舊金山的汽車文化，而這改變了該城市未來發展的經濟成本和利益。這些彼此重疊的因素，形成了一個難解「此事造成彼事」的謎團。可是這種多樣化對我們有利。如果我們從不同角度來了解自己爲何採用加法，就能獲得各式各樣的能力，進而找到精簡之道。

因此，我們先來檢視生物學家採用的加法。進化的力量能幫忙解釋人們之所以壓倒性地採用加法的原因，這是深植於人類體內的本能。這些力量引發園丁鳥築巢，人類鋪橋蓋路，其他生物因此能活下去、傳遞基因。雖然那兩百五十個子資料夾是我的研究團隊做出來的，但我的研究團隊也是進化的產物，而進化的力量使得我的研究團隊想炫耀能力。

2

一家祖源分析公司用很婉轉的手法向我宣布：我體內的尼安德塔人基因「不到四%」，至少這聽起來好過「多過三%」。

我很早就採用了向大眾開放的祖源分析服務。我朝一支塑膠試管裡吐了口水，在標籤上寫下名字，放進已經付了郵費、寫上地址的回郵信封寄回去。那家專門調查客戶基因歷史的公司，會定期地針對我的祖源提供更新資料。大多數的資料是告訴我，某人的唾液檢測證實那人是我的四或五等親。

但最令我難忘的一項更新資料，是通知我體內有部分的尼安德塔人基因。該資料不僅說明我有「不到四%」的尼安德塔人基因，也強調幾乎每一個缺乏撒哈拉以南非洲基因的人都算是部分的尼安德塔人；而且據說人類和尼安德塔人的交配是在很久以前發生的，大約四萬年前，並且是在大海的另一頭：今日的歐洲和亞洲。

據傳四萬年以前，對人類歷史而言是重要時期，尤其影響了我們對加法和減法的興趣。那是人類開始進入「行爲現代性」（behavioral modernity）的轉變期，我們的祖先發展出新的能力，能思考抽象事物。那是人類第一次可以想像加法和減法對未來的影響。

在行爲現代性出現之前，減法和加法都不是有意識的選擇。人類當時甚至無法想像「新的情況」，因此任何改變都是由本能所產生的。

那麼，想從生理因素探討人類爲什麼喜歡加法，就需要從這裡開始看起。

行爲現代性誕生時，「生存」意味著不斷尋找食物，這項任務占據了人類所有的心力，也因此定義了人類的身分。四萬年前的人類全都是狩獵採集者，至今也一樣。這一萬年來，我的歷代祖先憑藉著狩獵採集，從東非橫越紅海，進入阿拉伯半島的南部，然後進到中東和中亞；在那裡尋找食物，亦即挖地尋找茄子，或是用石製武器獵殺猛獁象。

但對許多現代人來說，生活不再是時刻尋找食物，而且有時候應該吃少一點才更健康。然而，我們還是喜歡吃東西。在我們追尋熱量的漫長歷史上，進食讓我們得以生存、傳遞基因。我很努力地試著反抗這種進化本能；當我每次肚子很飽，卻還是吃掉一整包洋芋片的時候，就會責怪自己有這種本能。

然而，當我幫以斯拉買新滑板而免費拿到一頂帽子的時候，即使它對我來說明明太小，我卻還是把它收起來，這又是爲什麼？在人類的進化史上，不穩定的是食物來源，而不是帽子來源。我在臉書上把自己從沒見過的一些人加入朋友清單，這也應該責怪進化論嗎？進化論不可能有辦法解釋加法爲何變得致命吧？應該吧？

一

一九四七年三月二十一日，荷馬・科利爾（Homer Collyer）被發現陳屍於位於紐約哈林區的四層樓褐沙石住處裡。警方發現他穿著破破爛爛的浴袍，腰部彎曲，一頭又髒又長的灰髮觸及膝部。

現場找不到蘭利（Langley）的蹤影，蘭利是荷馬的弟弟，也是他的室友兼照顧者。有人聲稱看見蘭利．科利爾搭上一班開往大西洋城的巴士，警方因此在新澤西州的沿岸找他。警方爲了尋找蘭利而搜索了九個州，但都徒勞無功。

科利爾兄弟的父親是曼哈頓的婦科醫生，母親是歌劇歌手，家境富裕。兩人都在哥倫比亞大學修得了學位。這對兄弟原本過著很正常的生活，直到荷馬在一九三二年因爲中風而失明。蘭利爲了照顧荷馬而辭掉了工作。

蘭利表示，他平時幫哥哥餵飯、洗澡，甚至朗讀古典文學、彈奏鋼琴奏鳴曲給哥哥聽。蘭利爲了恢復荷馬的視力，希望採用休息和嚴格的飲食法，其中一項做法是每星期讓他攝取等同一百顆橘子含量的維生素C。但荷馬一直沒能恢復視力，後來因爲關節和肌肉發炎而癱瘓，如果當時看過醫生的話，說不定能治好。

警方發現荷馬的遺體時，也發覺了四十年的「加法」後果。屋裡到處都是蘭利保存的報章雜誌，他希望荷馬在橘子發揮效果而恢復視力後，能閱讀這些文章、跟上時事。這對兄弟沒有子嗣，家裡卻堆積了大量的嬰兒車和兒童椅。他們還在家裡存放了一輛馬車、一輛福特T型旅行車的底盤，以及十四架鋼琴。物品多到從地板堆到天花板。

蘭利在這些物品之中，建造了一條立體迷宮。他和荷馬像倉鼠一樣生活在加法所累積而成的巢窩空間裡。

荷馬的遺體被發現後、在警方尋找蘭利的那幾個星期之間，來自各地的旁觀者們聚集於此，看著大量物品從這對兄弟家裡被一一搬出。荷馬的遺體被發覺的兩個多星期之後，警方終於找到了蘭利，他的半腐屍體離荷馬被找到的位置只差十呎。

在這一刻，人們明白了這裡發生了什麼事。蘭利其實比荷馬**更早**死亡，死因是窒息。警方判斷，蘭利應該是爬過其中一條隧道時，隧道崩塌，將他壓住。荷馬因爲無人照料而餓死在輪椅上。

—

科利爾兄弟雖然都沒有後代，但事實證明，我們每個人的基因裡都有他們的一些加法式思想。

絲蒂芬妮‧普瑞斯頓（Stephanie Preston）是密西根大學的教授，比任何人都了解她所謂的「貪得無厭」（acquisitiveness），我們是如何又爲何想取得並保留東西。爲了測量這種心態，普瑞斯頓設計了一項「物品取得」任務（跟安迪的網格很相似）。這項實驗是藉由電腦進行，能讓施測者嚴密地控制各項因素。

在普瑞斯頓任務的第一個部分，受試者會看到一百多個物品，眼前每次會隨機出現一個。螢幕上出現一個物品時，受試者會被詢問是否想透過虛擬方式取得它（受試者知道自己不會拿到眞實的物品）。每個物品都是免費的，受試者想拿多、拿少都可以，隨他們高興。

每個物品的實用性都不一樣，包括香蕉、咖啡杯、延長線，以及一般人會樂意免費拿取的東西。有些東西則沒那麼實用，像是兩公升裝的水瓶、用過的便利貼，還有過時的報紙（這行爲可能是向科利爾兄弟致敬）。

受試者選擇了每個物品之後，接下來會看到自己先前選的所有東西。例如，如果一個受試者取得了七十樣物品，就會看到這些東西全都出現在螢幕上。

接下來，受試者會被鼓勵刪減一些東西。

首先，受試者會被告知，他們如果願意，可以從這堆東西裡刪去一些。

然後，施測者會挑戰他們繼續減少東西，以便塞得進電腦螢幕上的購物車。

最後，受試者被要求再次刪除物品，以便放進一個虛擬的購物紙袋。

這個實驗的目標很明確：所有東西都必須放進一個購物袋。受試者甚至會在電腦螢幕上看到即時的意見回饋，得知自己是否已經刪減了夠多的東西，是否都能塞進袋子裡。儘管如此，大部分的受試者都沒能把物品數量縮減至能塞進一個袋子裡，許多人甚至連購物車這一關都過不了。人們沒辦法減少沒用的，甚至是想像出來的物品，也因此無法完成這項任務。

添加得太多，然後減少得太少，這在實驗中也許看來愚蠢，但這種行爲如果破壞了眞實的人生，就會釀成悲劇。正如壓力跟暴飲暴食有關，普瑞斯頓也發現壓力跟儲備物品有正相關。在一些極端案例上，一個人在物品相關決策上若疏於減法的話，可能是罹患重度焦慮症和憂鬱症的徵兆。換言之，選擇保留免費延長線和咖啡杯的人，就表達出輕微的「貪得無厭」，而這種心態造成了科利爾兄弟的死亡。

就像我的團隊進行的初期研究顯示，絲蒂芬妮．普瑞斯頓的物品決策任務也揭露了人們如何傾向於使用加法、忽視減法。普瑞斯頓的另一項研究也指出，這種行爲背後可能有生理原因。

普瑞斯頓在這項研究中，將更格盧鼠當成受試者。更格盧鼠是很有用的研究對象，因爲牠們習慣把食物儲存在野外。她發現，更格盧鼠發現儲備的食物被偷後，會再次開始儲備。我第一次讀到這種行爲的時候，覺得這聽起來沒什麼大不了；家裡食物不多的時候，我就會去買菜，更格盧鼠做的其實也是同樣的事。

爲了理解爲什麼更格盧鼠的儲備行爲如此重要，我必須提醒自己：更格盧鼠就像行爲現代性出現前的人類。鼠類沒辦法進行抽象思考，牠們的加法行爲不可能是因爲想把現況（沒有儲備食物）改善成更好的狀況（儲備了食物）。儲備一定是老鼠對環境提示所做出的自動反應，這種本能讓老鼠能生存並傳承基因。

其他哺乳類生物，甚至鳥類，也有這種儲備行爲。如果自數千萬年前、同一種生物所進化而來的各種後代動物，都有此種相似的行爲，例如鳥類和哺乳類生物，那麼這應該就是一種生理本能，而這種行爲也從人類的古代存續至今。

我們想取得食物的本能，也可能導致自己希望對其他事物採取加法的行動。一些神經科學家在受試者的腦部，接上顯示大腦活動的感測器，並要求他們取得物品，藉此確認取得食物和其他這類活動都啟動了腦部的同一個獎勵系統：中腦邊緣系統路徑（mesolimbocortical pathway）。這條通道是從大腦外層的皮質（負責校準目標所產生的想法和行動），進入中腦結構（管理情緒），然後深入「腹側蓋模區」（ventricle tegmental area），也就是多巴胺神經路徑的源頭。

因爲中腦邊緣系統路徑聯接了大腦中掌管思考和感受的區域，所以我們在進食時會感到愉快。能刺激這條獎勵通道的事物，還包括吸食古柯鹼之類的藥物；以及一些網站的設計方式，它會讓使用者不斷地按下滑鼠按鈕，在臉書上添加朋友，在推特上大戰網路小白，或是在購物網上買書。對囤積狂來說，就連用過的便利貼也能讓他們感到興奮。

就連一個簡單的行爲都需要大腦內許多區域的協調運作。話雖如此，找出某個特定的獎勵系統扮演什麼角色，這證實了我們的加法行爲是多麼根深柢固。也因爲人們的取物行爲，指出了大腦裡一個關鍵的動機系統，這個系統可能會制止我們採用別的辦法，例如減法。在人類歷史上，這種加法式獎勵系統對取得食物很有幫助，也很難被關掉。這就像不管我多麼不可能戴上那頂買滑板送的帽子，我還是想收下它。

我們的取物本能，其本質就是傾向於得到更多。但身爲行爲現代性的人類，我們可以抗拒衝動，不要在出門度假兩星期前，儲備大量香蕉。我們可以把「必須擁有」的帕尼尼三明治機送給別人，因爲事實證明這種機器的實用性，就跟一疊舊報紙對失明的荷馬．科利爾的用處差不多。囤積狂甚至可以接受「認知行爲療法」之類的治療方法，這類治療能幫助減緩一些基因傾向。我們越是了解自己的加法本能，就越能壓抑這種本能。

3

在以斯拉開始喜歡吃蔬菜之前，我們會叫他吃三匙蔬菜，然後才能吃點心。以斯拉四歲那年的某個晚上，在已經吃下巧克力蛋糕後，才想起自己「忘了」應該先吃三匙豌豆。因爲沒人喜歡把蔬菜當成晚餐的最後一口食物，以斯拉因此提議：「我明天會吃五匙蔬菜。」

我太太莫妮卡覺得這只是以斯拉的談判手段，他想用「隔天補回來」的承諾來少吃一匙豌豆。她對我接下來的這個說法感到不以爲然：根據我們對「量化本能」進行的一些很有說服力的研究顯示，我們的兒子可能是在無意間犯了一個可預測的錯誤。

哈佛教授伊莉莎白．史珮克（Elizabeth Spelke）花了四十多年，研究嬰幼兒的心智，透過對兒童的研究，查明基因——而非教育——對我們的學習與發展有什麼影響。

在一項跟以斯拉的豌豆，以及「減法疏忽」最相關的研究中，史珮克選了一群五、六歲的受試者；她選擇這個年齡層，是因爲這些孩子還沒學會加法或減法。史珮克想知道兒童是否擁有一種關於「更少」和「更多」的本能，以及這項發現能否套用於其他年齡層中。

史珮克麾下的研究員們給了每個孩童受試者一個應用題，題目裡用三句話描述數量。例如：

蘿絲有二十一顆糖果。

然後她又拿到三十顆。

艾達有三十四顆糖果。

然後研究員會問孩子：「誰的糖果比較多？」

你如果回答「蘿絲」，那麼恭喜你，你答對了。該研究發現，不會算術的孩子們也答對了，他們就是「感覺得出來」誰的糖果比較多。

你可能會懷疑，這是不是研究設計裡有漏洞，也許這群孩子其實會算術，只是在研究員的篩選過程中，沒表現出這項能力。

但是史珮克的研究設計杜絕了這種可能性。研究員改變了應用題中的數量，因此在一些孩子拿到的題目中，最後的糖果數量差距非常小，孩子沒辦法單靠直覺回答問題。在差距小的題目上，懂得算術的孩子也許能答對，而倚賴大略估算的孩子，會因爲糖果數量差距變小而更難答對。

例如，對倚賴直覺的孩子來說，以下這題應該會很困難：

蘿絲有十四顆糖果。

然後她又拿到十九顆。

艾達有三十四顆糖果。

誰拿到的糖果比較多？

只有懂算術的孩子才會回答「艾達」。

在這種差距很小的案例上，孩子答對的機率應該跟或然率差不多。糖果數量差距越小，孩子們就越難正確地選出誰的糖果比較多。

孩子這時是倚賴本能，而非算術。這就像以斯拉提議隔天吃五匙豌豆一樣。史珮克的這類研究，提出了第一批具有說服力的證據：我們在學習數學之前，已經擁有對數量的認知能力。如同觸覺、視覺，以及嗅覺一樣，我們對「更多vs.更少」也有與生俱來的感知能力。

史坦尼斯勒斯·狄漢（Stanislas Dehaene）在所著的《數字感》（*The Number Sense*）中，描述了許多研究發現（其中也包括他自己的研究），說明這種感知能力多麼無所不在。沒學過數學的孩子，也能執行需要「相對數量感」這種直覺的任務。住在與世隔絕的亞馬遜部落的成年人也辦得到，就算他們沒接觸過算術。研究也發現，老鼠能察覺到更多和更少之間的差異。

人類和其他動物就算不懂數學，甚至不會語言，也能感知到數量，這是如何做到的？狄漢以汽車儀表板上的里程表，做了很簡單的比喻：「里程表只是一個齒輪，隨著車子每前進一哩而提高的一個數字。」既然這麼簡單的儀器也能記錄數量的累積，那麼生物應該也有這種類似的本能，無論智商高低。

有許多實證結果支持這項理論。腦部掃描發現，人類在大略估算數量時，大腦裡某些特定的網路會被啟動，這些部位跟幫助我們感知空間與時間的腦部區域，有著密切的關係。

某個研究對象被稱爲「估算人」（the Approximate Man）：腦部損傷影響了他大腦處理算術的區域，但沒影響到感知數量所需要的部位。當他被問到「二加二等於多少」的時候，估算人說出的答案可能是三，或許是四，也大概是五。然而，正如狄漢所說的：「他從沒說出『九』這種荒謬的答案。」估算人的數學網路雖然故障，但跟以斯拉一樣能憑直覺判斷多與少的差異。

行爲現代性的人類把「抽象思考」的新能力跟數量的直覺結合在一起。想在狒狒骨頭上刻下計算用的刻痕，或在洞穴岩壁上畫下計算用的圓點，都需要這兩種能力。人類從這種最早期的計算能力發展到數字和數學能力，讓我們得以分辨數量非常接近的兩個概念，例如三十三顆糖果 vs. 三十四顆糖果。數學透過這種方式強化了我們與生俱來的里程表。

我第一次聽聞里程表這個比喻時，覺得這對減法來說，似乎很不公平。聽在我耳裡，這種比喻似乎暗指我們只需要有能力察覺到「多」，而非「少」，畢竟里程表的數字只會越來越高。這是這個比喻的缺陷？還是我們的數量本能就跟里程表一樣，眞的比較喜歡「多」，而不是「少」？我自己的研究指出：兩種可能性都有。

想了解上述原因，並明白我們能如何解決這方面的問題，人們就需要更深入了解自己的本能。沒有確切數字可用的時候，我們採用的解讀方式是：「兩個大數量之間的差異」小於「兩個小數量之間的差異」。我們也是這樣解讀透過聽覺和味覺所獲得的資訊。你在一盤蔬菜上第一次撒的鹽，對味道的改變最大。你把耳機的音量從一轉到二的時候，音量的變化聽起來比你從八轉到九更大。我們感知到的變化，是取決於一開始的狀態。

感知「相對變化」而非「絕對變化」的本能，對我們來說，是個很有用的進化行爲。對古代那些在各地尋找食物的飢餓人類來說，八頭猛瑪象和九頭猛瑪象之間的差異，遠不如一頭猛瑪象和兩頭猛瑪象之間的差異來得重要。九頭猛瑪象所帶來的生存威脅和取得蛋白質的機會，跟八頭猛獁象基本上差不多。相反的，如果他們嘗試用手裡的石頭擊殺一頭沒有其他同伴陪伴的落單猛獁象，就會容易許多。

重要的並不是「絕對數量增加了多少」，這在「8 vs. 9」和「1 vs. 2」的情況都一樣是「一頭猛獁象」。對人類來說，更有用的感知是「相對數量增加了多少」：「8 vs. 9」的增加幅度是一三%，但是「1 vs. 2」的增加幅度是百分之百。我們在倚賴自己的本能時，「1 vs. 2」的變化遠大過「8 vs. 9」的變化。起初的數量越大，之後的每一筆變化對我們來說就越小。

既然明白了人類是這樣感知相對數量，接下來我們就能提出最重要的問題：人們這種認知是否導致偏好「更多」？是否把「更少」視爲損失？

我們回到孩子和糖果的案例上。孩童在透過這種本能估算「八十減三十」的時候，準確率會低過「二十加三十」，就算這兩題的答案都是「五十」。如果孩子是透過「原本有二十顆糖果，**然後增加**三十顆糖果」的計算方式，而得到「五十顆糖果」這個答案的話，那麼作答的準確度是依據他們對「三十」和「二十」的感知。相反的，如果孩子是透過「原本有八十顆糖果，**然後減掉**三十顆糖果」的計算方式而得到「五十顆糖果」的答案，那麼作答的準確度是依據他們對「三十」和「八十」的感知。

在這兩個案例中，孩子都感知到「三十」這個數字。但他們對「八十」的感知，其準確率會低於他們對「二十」的感知。

我們倚賴概算的時候，準確率就不是取決於最終數量，而是使用某一筆數量來取得最終數量。意思就是，如果兩題的答案都一樣，那麼加法的準確率應該會比減法更高。也許這就是爲什麼，在「做出改變」這件事上，最好的建議就是「從小處做起」。如果從大處做起，這對我們來說，會更難想像。

人們的第六感揭露了我們對減法的疏忽，這令我印象深刻。想像一座城市在拆除一條高速公路後會是什麼模樣，或者設想透過撤資來改變種族歧視制度，這對我們來說是不是更困難？我覺得，人們可能就是因爲不太擅長用直覺來感知「更少」這個概念，所以更難想到「我們或許可以採用減法」。正如我們的本能是「取得東西」，對數量的本能確實不會讓自己覺得「更少」具有吸引力。

史坦尼斯勒斯．狄漢發表論文的三百五十年前，一位名叫布萊茲．帕斯卡爾（Blaise Pascal）的法國科學家做出了一番貢獻，他的名字也因此跟壓力單位、某一種電腦程式語言，以及一種大受精算師和賭徒喜愛的機率論有關。然而，就連傑出的帕斯卡爾也忽略了某種類型的「更少」。他在其名不虛傳的《思想錄》中，寫下令他惱怒的發現：「我認識一些人，他們無法理解『零減四的答案是零』。」

他這句話雖然讓我們感到莫名其妙，但其實符合當時的共識，而這種共識來自一個事實：人無法抓到「數量不到零」的猛獁象，或是在狒狒腓骨上刻下「數量不到零」的刻痕。在帕斯卡爾那個時代，許多大師給這個世界帶來了代數、幾何，甚至微積分，但他們都未曾接受「負數」是可能的答案。帕斯卡爾認爲「零減四」這個概念「完全是胡說八道」，因爲這題的答案是負數。

許多減法案例，例如哈佛教授對孩童進行的實驗，不會產生負數答案。而帕斯卡爾在這個數學領域所下的武斷定論，其實也揭露了我們的本能是對數量進行「相對」的比較。話雖如此，如果我們連一些「更少」的案例想都不願意想的話，那更不可能會想去追尋它們。

回想一下，你以前是怎樣學會算術版的減法。另一個辦法是，你如果剛好認識哪個孩子正在學習減法，可以觀察他們的學習過程。實質的東西，例如誘人的糖果或有益健康的蘋果，常常會被拿來當成舉例，以便幫助孩子了解抽象的數字可以對應爲現實生活中的物體。數學老師是利用「列出某種數量的某個東西，然後從中拿掉一些」的辦法，來引導學生學會所謂的「批量」模式（set schema）。

批量模式能幫助孩子在腦海中將「更少」和「更多」具體化，但前提是答案必須是「正數」。想像一下，六歲的你碰上這個應用題：

蘿絲有五顆糖果。

然後被拿走了二十顆。

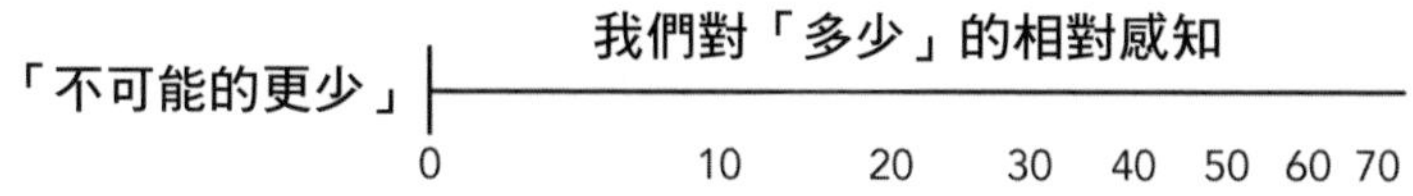

圖 3：批量模式和人的數量本能遏止了我們採用減法。

你被唬弄了。班恩對他兒子進行了這項實驗後，他兒子挖苦道：「這不可能嘛。」

如上圖所示，相對數量的本能，讓我們更難精確地想像減法變化的結果。如果這類變化會拿掉比原本數量更大的數字，就成了「不可能嘛」。

在批量模式上，帕斯卡爾的想法是正確的。我們如果用蘋果或糖果（或幾匙豌豆）來測量更多或更少，負數就成了胡言亂語。

除了批量模式，我們也可以選擇「距離」模式（distance schema）：不把抽象數字跟物體連結在一起，而是在腦海中想像一條「空間數線」（spatial number line）。在這種距離模式下，如果七歲的你被要求把五減去二十，你採取的第一步，是把每個數字放在你腦海裡的數線上。你的答案會是十五，也就是二十和五之間的距離。七歲的你雖然得出了正確的數量，但會把正負號弄錯了。

孩童是在某個情境下使用了距離模式，並了解了「負數」的意義後，才會開始使用正確的正負號。舉例來說，一個優秀的老師會告訴學生，學校操場在白天的溫度是攝氏五度，在晚上會降低攝氏二十度。如果孩子對公制單位（和非常冷的天氣）有些經驗，就能想像「零下」這個概念。「零」不再是最低的數字，而是成了水結冰的溫度，而這提醒我們記得還有比「零度」更低的溫度。從五減去二十，答案就是讓人能夠理解的「負十五」。

負數這種抽象概念違反了人們的直覺，直到我們能把它對應到自己腦海中某種已經存在的理解。「零」以下的溫度是有道理的。如果你的孩子擁有精算方面的天賦，可以試試「花費高於收入」的概念。如果他們喜歡打高爾夫，可以試試「桿數低於標準桿」這種概念。

從批量模式換成距離模式的例子揭露了一件事：人們如果改變觀點，就能看見通往「更少」的一條路。至於減法究竟是個選項，還是「不可能嘛」，則取決於我們採用什麼觀點。

我們回到里歐・羅賓森努力推翻種族隔離制度這個案例上。他不希望為種族歧視制度「增加」經濟來源，因此拒絕幫奈德洛伊金伯利號卸貨。美國政府後來禁止對南非進行新的投資，也產生了同樣的效果。

如果在人們的心裡或政策裡，南非既有的投資都是不可破壞的底線，那麼想把資金減少至「低於」那條線，就成了胡言亂語。這就像一條最低數字為「零」的數線。

想了解「撤資」概念，就需要把南非既有的投資視為類似冰點的溫度。沒錯，既有的投資是在「不支持種族歧視政權」和「支持種族歧視政權」這兩端之間重要的一個節點。但「既有的投資」並不是終點，在這條數線的左側有著無數的可能性。如果在這種案例上還堅持使用批量模式，這麼做既不正確也有害處。

這會讓人感到不知所措，我知道。想了解人們真正的減法潛能，我們就需要抗拒批量模式、加法本能、炫耀能力的欲望，以及自己對數量的感知不夠客觀的傾向。因此，在我們把數學放下之前，以下這些動機能鼓勵自己採用減法：減法導致的改變，能比同等量的加法改變更強大。如果我們想改變一開始的兩頭猛獁象，可以怎麼做？例如多加一頭，或拿掉一頭？如果從兩頭猛獁象裡拿走一頭，答案就是剩下一頭猛獁象。在這個新的情況下，一頭猛獁象就是整體數量的百分之百。如果給一個有兩頭猛獁象的群體，再添加一頭猛獁象的話，答案就是三頭猛獁象，而如此一來，一頭猛獁象只是整體數量的三三％。相對於最終狀態，如果採用的是減法，同樣的變化幅度就顯得更大。不管一群猛獁象的數量有多大，或是南非的經濟規模有多大，我們如果把減法引發的改變跟新的情況相比，減法促成的變化都比較大。

無論好壞，人們對更少和更多的感知一定是偏向其中一邊。但是數學能提醒我們，可以利用行爲現代性的能力來壓抑自己的生物本能。這麼做如果合理的時候，我們甚至能刻意選擇採取這種行動。如果以斯拉是用那種方式概算餅乾的數量，我大概只會讓他吃五塊。但如果是有益健康的豌豆，我會向他解釋三匙加三匙其實等於六匙。

4

我在研究那些曾與尼安德塔人交配的祖先時，看到文章上提到他們平時的活動大多是狩獵、採集、進食和睡眠。當這些需求都滿足後，我的祖先會以「打石」（knapping）活動來消磨時間。

打石是「打製石器」的非正式、但充滿直覺的說法，這個行爲是把石頭和岩石打碎，做成工具和武器。這項工作定義了長達三百多萬年的石器時代，在我們從靈長目人科的「人屬」這個共同祖先分支演變之後。學者研究石器文物，藉此探究行爲如何演變。

四萬年前，我的祖先開始出現行爲現代性的一個跡象，就是採用一種新的打石技巧。運用新技術的打石者，會選擇一塊圓形的石頭，沿著這塊石頭的外圍敲掉小塊，然後把這塊石頭其中一面敲掉小塊。成品看起來像上下顛倒的龜殼，底部呈圓形，頂部則是扁平的。

打石者會利用這塊既扁平又穩固的石頭來製作更多石器。因爲這塊圓石的缺角處非常銳利，所以用它來敲打其他石塊，能讓它們的每一邊都很鋒利，而每邊都鋒利的石頭更適合用來切割、挖掘和狩獵。

發展出這種全新的「二階段」工法前，打石者是單純地把石頭敲成碎片，然後直接拿來使用。敲打後的石頭一邊是刃邊，而沒經過敲打的部位則保有原本的圓鈍。這些天然的弧線部分沒辦法被磨利，因爲這塊石頭不夠大，試著磨利，它就可能破碎，或傷到手指。而新的工法解決了這個問題，因爲打石所用的工具就是一開始先加工出來的石頭。

二階段工法不僅製造出更鋒利的石器，也展現了行爲現代性。爲了製造「打石模板」而先加工這塊石頭，這展現了抽象思考能力，因爲打石者必須先想像這塊石頭被移除周邊後會是什麼模樣。米開朗基羅是如此解釋他對雕刻採用的抽象手段：「我看見天使在大理石裡，我持續雕刻，直到他獲釋。」擁有行爲現代性的打石者，是人類史上第一次在圓石裡看到更鋒利的石刀，並持續敲打，直到石刀獲釋。

我跟你分享這個故事，是因爲關於抽象思考的一些最早的證據——現代人類就是憑這種能力改變狀況——是由減法而產生的改變，而答案就在「打製石器」這個舉動的英文詞彙裡：**lithic reduction**，**減少**石頭。二階段工法的出現，只是定義了歷史悠久的石器時代「減法式打石做法」的最新一章。我的團隊發現人們會給樂高結構和安迪的網格添加東西，但在三百多萬年前，我們的祖先出於本能或選擇，花了許多時間對石頭進行減法。看來，不是我們所有繼承而來的行爲都能解釋現代人爲何疏於減法。

「進化」本身就是一個平衡了加法和減法的神奇模式。我們在尋找哪些適應措施更能讓自己傳遞基因時，「物競天擇」這個機制也進行了許多「裁減」。例如，現代人的腦子比尼安德塔人的小，但這對我們其實更有利。沒錯，我們用來處理語言、社交行爲和決策（包括能預見改變）的腦部區域是變得更大，但其他區域變小了。

進化的力量也影響了生態系統，一個常見的結果就是生態系統對「增加數量」的遏止力。無論是鯨魚和浮游生物、狐狸和兔子，還是人類和公共資源的例子，這種平衡機制能避免某個物種過度擴張，因爲這可能會造成整個生態系統崩潰，進而毀滅過度擴張的物種本身。

更符合我自己的情況是，儘管我在共用資料夾裡，塞了一大堆沒必要的檔案和子資料夾，但我們的大腦已經進化出一種內建的保護機制，能避免思考時的心智歷程負擔過大。我們睡覺的時候，腦細胞會收縮，讓微膠細胞（microglial cell）有空間進入其中，清理掉神經元之間用不到的連結。

神經科學家把這種自動化的減法稱爲「突觸修剪」（synaptic pruning）。就像一棵果樹會長出樹枝，我們大腦裡的神經元之間也會產生突觸連結。有澆水的樹會長得更大、更強壯，而我們越是使用突觸連結，它們也會變得更大、更強壯。當然，一棵茁壯的果樹也需要修剪，以免珍貴的陽光和水浪費在不結果子的樹枝上。我們大腦裡的微膠細胞就是修剪師，它們會清除掉比較沒有用處的突觸連結，好讓我們把更多能量和空間留給其他突觸。

想更好地利用「減法」，可以向大自然尋求靈感。物競天擇在生態系統、物種和細胞的級別上，帶來了非常大的影響力。我們的本能也許是傾向於加法，但人類的生活是由加法和減法一同改造而成的。

一

我們把焦點從生理加法轉移到文化加法之前，先來想想我那些祖先每天過著什麼樣的日子。他們起床，穿衣服（也許本來就是穿著衣服睡覺，畢竟當時是冰河時期），然後也許煮些早餐。之後，他們會出門，人數大約二十五人，前往據說有猛瑪象出沒的地點。到了晚上，他們會抵達一個新地點，建立臨時住所，圍著營火打造石器。睡覺。狩獵採集。睡覺。重複。

這種人生就像一趟高風險的露營之旅，你生下來就進入了這場露營，而且沒辦法回家。想活下去，就必須持續移動。沒有房屋能讓他們擴建，沒有舊報紙可以讓他們囤積，沒有一包包洋芋片能讓他們狂嗑。我們的祖先與生俱來地擁有一種「反實質加法」的機制。你如果去哪裡都必須帶著所有的家當，應該就不會擁有太多東西。

人類邁入行爲現代性之後，大部分的時間依然是拿來追尋食物來源。就算你是埃及豔后或圖坦卡門的後代，先前的一萬代人類祖先也是從三百年前才開始進入某種文明社會。在那之前，里歐·羅賓森在任何地方都不會發現帶有種族歧視的政治制度。蘇·比爾曼也不會發現礙眼的高速公路。

生物學無法解釋我們爲何忽視減法。我們需要了解，進化因素的慣性會妨礙自己採取減法。人類的進食、炫耀能力，甚至對相對數量的感知力，這些本能會吸引我們採用加法。然而，雖然進化的改變源自基因的隨機突變，但我們人類可以刻意地尋求改變。雄園丁鳥沒辦法違抗築巢的本能，但我可以選擇刪掉電腦裡的文件。

了解這點後，可以把焦點從我的尼安德塔人基因上，移向較爲現代的文明，我們將發現這些文明的源頭和特色就是「更多」。

第三章

寺廟與城市

加法帶來文明，而文明帶來更多

1

大約五千年前，在波斯灣北面，由底格里斯河和幼發拉底河孕育出來的肥沃土地上，當地人的職業不再僅限於狩獵和採集。美索不達米亞文明擁有建築工人和建築師、教師、祭司、醫師和政治家。這些新專業人士跟家人，坐在餐桌前的椅子上用餐，而且使用餐具。菜單上可以選擇的東西，包括蔬菜、水果、豬肉、雞蛋和啤酒。吃過晚飯後，孩子們可以玩撥浪鼓、玩偶，或是各種球類。到了就寢時間，人們是躺在鋪了亞麻床單、用羊毛製成的柔軟床墊上，睡在磚砌房屋所提供的安全空間裡，這些房屋以石頭路串聯，人們只要徒步就能抵達壯觀的寺廟、金字神塔和宮殿。

這些新的東西（文明），帶來了新的想法（文化）。美索不達米亞時期的里歐・羅賓森，會看到用於貿易的船隻和碼頭，會遇到不同社會階層，像是奴隸、勞工、專業人士、祭司，以及貴族。伊莉諾・歐斯壯如果在那個社會擔任學者，就會看到寫在泥板上的楔形文字所傳達的主流思想，並在這種泥板上寫下她自己的研究。

正如行爲現代性的到來，文明的出現也是人類的「加法」歷史上的重大里程碑。行爲現代性讓人類擁有現代人所擁有的思考能力，能刻意地改變狀況，選擇進行加法和減法。憑藉著文明和文化，人類取得了現代人所擁有的，進行加法的機會。

同樣的，這些新的事物和想法也帶來了進行減法的機會。畫家畢卡索對藝術的定義是「去除那些不必要之物」。《小王子》的作者安東尼·聖修伯里做出觀察：「所謂的完美狀態，並不是已經沒有更多東西可以添加，而是已經不剩任何東西可以移除。」然而，如果一開始就沒加入任何東西，也就沒有「藝術性的刪除」或「爲了達到完美狀態而進行的移除」。

就跟人類的生理構造一樣，人類的文化和文明也會隨著時間而改變，被環境和祖先所塑造。然而，有用的基因需要世代傳承才能遍及一個群體，但有用的文化能隨著想法的分享而迅速傳播。跟人類的生理構造相比，文化是在更短的時間內進化，但進化得更快。

我們已經了解了自己的生理本能傾向進行加法。接下來，我們需要掌握「文化」可能如何影響了人們的減法疏忽。

幸運的是，文明不僅帶來新的機會，能讓我們改變所在的世界，也記錄下我們做過了什麼。我們現在來看看這點。

一

二〇〇九年，羅馬。夏季的太陽還沒升起，路上沒什麼人，這座古城任我瀏覽。正如其他令我感到新鮮的地點，我開始隨意探索此地，沒事先想好路線。而這座城市，吸引我來到羅馬競技場。

我以前看過這個地點的許多相片，但百聞不如一見。羅馬競技場不僅龐大，細部構造也精巧和諧，例如每一道開口之間的距離，每層樓數量一致的支柱，以及刻在大門上的羅馬數字。羅馬競技場如果不是古代建築，而是位於市中心或大學校園的新建球場，也會一樣令人讚嘆。想像一下，在幾千年前，初次拜訪羅馬之人在看到這座競技場時，不知會作何感想。

羅馬的其他區域都在呼喚我，但我今天都耗在這座競技場上了。我圍著競技場走了第十圈之後，對這裡依然充滿敬畏之情；終於回到旅館後，莫妮卡提醒我：我因爲在競技場待太久，而推遲了她安排好的博物館行程。

在這時候，莫妮卡已經學會包容我對「大型人造物體」的喜好。在這趟義大利之旅的三年前，在我稱爲「加勒比海海灘蜜月」之行中，她花了一整天的時間行走於墨西哥悶熱的猶加敦叢林，就因爲我想造訪一座名爲科巴的瑪雅城市。

我並沒有強迫莫妮卡和我一起穿越科巴廢墟，但我們確實爬上了危險重重的一百二十道階梯，來到其中一座金字塔的頂端。科巴金字塔有一千多年的歷史，而且跟十層樓建築一樣高。瑪雅人建造這座金字塔的時候，不僅沒有機動營造設備，甚至也沒有輪子可以使用。我無法想像在那種時代，建造這種東西需要多大的決心，但當我站在金字塔頂端時，能了解這個地方爲何適合向諸神獻祭。在這個地點，我們距離上方的天空，以及下方叢林的樹冠，似乎是相同的遠。

羅馬的競技場，以及科巴的金字塔，都記錄了一種令人意外的加法。這種龐然建物在世界上十分常見，因此贏得了「紀念性建築」這種學術名稱。知名考古學家布魯斯・特里格（Bruce Trigger）如此描述紀念性建築的定義：「這種建築的最大特色，是其規模和精巧度超越了務實功能的需求。」定義這種型態的，是所採用的加法遠超出必要的程度。

紀念性建築是可靠的文明指標。無論是美索不達米亞的金字神塔，還是中國和埃及的金字塔，這些華而不實的龐然巨物，都是伴隨著周邊城市一同出現。

引發這種紀念碑出現的文化過程，在羅馬和科巴應該都是相似的。羅馬人最初達成「糧食過剩」的狀態，這促成了社會凝聚力，進而城中的居住型態也因此變得更密集，這也促使了房屋、道路和渡槽的建造。之後，隨著文化興盛，人民想欣賞決鬥場面，羅馬競技場因此興建。一千年後，在大海另一頭的瑪雅人也經歷了類似的文化進展，在科巴增添了一座用於儀式的金字塔。在這兩個案例上，行爲現代性都造就出農業，農業成就了文化，而如果一個文化能眞正地繁榮起來，就可能促成「不提供任何居住用途」的巨大建築的出現。紀念性建築似乎就像在不同文化中，透過「加法行爲」來完成的成年禮。

只不過，許多紀念碑並不是透過這種步驟出現。事實上，紀念碑通常是在某個文化興盛**之前**就誕生了。

有個更近期的例子能讓我們明白這個道理，並更了解「加法」是一種文化力量。在一八三〇年代末期，那時的美國建國不到一百年，而且正邁向一場讓國家身分陷入混亂的內戰。但在當時，全國民眾募集了一百萬美金，舉行了一場設計比賽，想在華盛頓特區建立一座紀念喬治．華盛頓的紀念碑。

當時，這整區的居民大約有三萬人。華盛頓特區並不是美國前十大城市，當地的人口數量占全世界人口總數不到二%。光是設計一座紀念碑就需要耗費一百萬美金，更別提興建，這對這一小群有其他更重要的問題要處理的民眾來說，是沉重負擔。此外，在北方三十五哩的巴爾的摩，已經有一座華盛頓紀念碑了。

然而，設計比賽還是如期舉行。紀念碑的建造也開始進行，儘管資金不足，而且政治優先事項持續改變，再加上國內爆發內戰。經過將近五十年後，這座高聳的方尖碑終於完工。一八八六年，這座紀念碑向公眾開放時，美國的人口成長了將近四倍，該紀念碑也成了世上最高的人造結構。

不同於羅馬競技場，美國人並不是因爲文化興盛而決定建造一座紀念碑。紀念碑也是「文化創始」的一部分。就像肢體活動能強化我們的心智，照顧文明的身軀也能強化文化；意思就是，紀念性建築並不是毫無用處。沒錯，科巴金字塔和華盛頓紀念碑是大量的加法，而且無法幫人們遮風擋雨。但這些建造案凝聚了大量的人群，一開始有人計畫它們，再來有人製造，然後有人欣賞。大批民眾聚在一起的時候，就會產生文化和文明。

也許你還是不太相信紀念碑，是因爲「更多」而造就出文化。雖然我喜愛大型建築，但明白你的遲疑。紀念性建築的重要性，是否眞的能跟政府、宗教和著作相提並論？是否必須要有一群人的存在，才能符合文明的定義？但那些研究古文明的人們已經去忙別的事了。問題並不是紀念性建築的重要性是否低於這些社會變化，而是前者的重要性是否應該被看得比後者更高。

現代分析指出，紀念性建築很可能就是造就出文明的催化劑。哥貝克力「大肚子」山丘是一座考古遺址，位於今日的土耳其。在一九六〇年代，一群研究古代遺跡的學者觀察了這個地區，看到一些石灰石板的小型碎片，然後離開了這裡。他們在報告中做出結論：大肚子山丘應該是一座廢棄的中世紀墓園。

幾十年後，考古學家克勞斯．史密特（Klaus Schmidt）閱讀了那批學者的原始報告。史密特不太相信這座五十呎高、直徑〇．二五哩的土墩，真如那群學者所說只是一座墓園。因此，他親自前往大肚子山丘。

他很快就發現第一批大型石塊。這些石塊非常接近地面，因此遭到農民的犁刀破壞。史密特及其團隊往深處挖掘，發現排成圓形的龐大石柱。每個圓圈中心有更龐大的柱子，跟長頸鹿差不多高，還比長頸鹿沉重十幾倍。不可思議的是，古文明的人們竟然有辦法雕鑿、移動並豎立這些巨大支柱。

但真正引發考古學家和歷史學家省思的，是史密特及其團隊「沒有」在大肚子山丘發現什麼。那裡沒有爐灶，沒有房屋，而且絕對沒有撥浪鼓這種玩具。那裡完全沒有永久聚落的跡象，但在古代那個時期，當地周圍到處都是永久聚落。

史密特在大肚子山丘發現了什麼、沒發現什麼，這使得某個盛行很久的理論出現了破綻：人類是開始耕種、定居，後來才透過時間、技能和資源來給某個文明添加紀念碑和其他東西。數千人協力合作，才能夠製造、移動並豎立寺廟的石柱。然而，那座寺廟的歷史比該地區的諸多村莊，甚至農業更爲悠久。在當時的世界，一個狩獵採集團的人數大約二十五人，而想在大肚子山丘建造那座寺廟，就需要諸多團體之間前所未有的合作。

史密特在所著的〈先有寺廟，後有城市〉（First Came theTemple, Then the City）文章中，提出一項經過改良的理論。正如其標題所述，在大肚子山丘建造寺廟，可能就是狩獵採集者們會齊聚一堂的原因，而越來越多人也相信這項理論。「寺廟」這種構想，讓分散的群體第一次有理由聚集在一起。之後，因爲建造並維護寺廟需要長期努力，狩獵採集者們因此開始尋找更爲穩定的食物來源。史密特指出，這促使了農業的出現。從大肚子山丘周圍地點的發現也證明，在該寺廟完工後的一千年間，移居者們學會如何種植小麥、飼養牲畜。

在大肚子山丘的發現，揭露了文明和加法之間的關係。在那之前的學者們相信，無論一個群體多麼想添加一座寺廟，都必須先學會耕種、如何住在聚落社群當中。但是史密特表示這是倒因爲果，建造寺廟所需的長期努力，才是促成農業出現的推動力。加法透過這種方式帶來了文明。

「建造」這種文化傾向，應該足以解釋我們爲何忽視減法。然而，隨著文明的出現，另一種歷經歲月證明的加法也跟著出現：人類的物質文化。事實證明，我衣櫃裡十四雙不同款式的球鞋，是源自能讓人們探索新社交生活的實用變化。

物質文化協助我們在大團體當中一起生活，就算人類大腦是在很小的群體生活中演化而來的。在一群狩獵採集者中，每個人都能學習彼此的特色、技能、喜歡猛瑪象身上哪個部位的肉。但隨著文明的擴張，這種個人方式變得不再可能。然而，人類還是需要了解周圍的人。物質文化就是對這種需求做出的回應。

人類不再試著記住數千人的特點，而是把鄰居分成更容易管理的類別，依據他們的衣著、配戴的串珠之類的東西。這些物質方面的物品，讓我們跟陌生人的互動變得更好預測；你走進一家小餐館，看到一個穿圍裙、手持筆記簿、在一旁等候的某人，就知道這個人負責幫你點菜。相反的，我如果只穿短褲、T恤和十四雙球鞋的其中一雙，就能以僞裝身分行走於校園，沒人會知道我是教授。在這兩個案例上，物質文化都提示了人們應該如何互動，就算以前未曾見過面。

正如人類喜歡爲城市景觀添加建築，我們熱愛給衣櫃添加東西的這個舉動，也源自文明的誕生。這也是「何者先出現？」的問題：物質文化是否先出現，並促使了文明的誕生？一項越來越受歡迎的理論指出，狩獵採集者其實持續地隨機產生了物質文化；例如，敢冒險的獵人穿著猛獁象皮，而謹愼的獵人穿著兔皮。在這個範例上，狩獵採集者不再需要牢記所屬團隊裡，每個成員願意接受多少狩獵風險，而是只看某人的穿著就能一眼得知。這種依據於物質文化的心理捷徑，能讓狩獵採集者管理較大型團體裡的人際關係。而較大型的團體，就能讓狩獵採集者們建造紀念碑，進而建立社會階層，促使文明的發展。

一個傾向於建造紀念碑和蒐集物質的文化，是站在減法的對立面，例如以斯拉建造更多樂高結構，或是我買更多樂高給他。而在世界各地，文明也激發了另一個加法引擎的出現：文字。人們把新獲得的時間和心力投入這個新的媒體。寫字者能記錄誰欠誰錢，而這促成了更多貿易。寫字員能制訂透明又一致的法律，讓文明得以成長。寫字者能傳達更多想法，把想法轉換成更多東西。

寫作這回事既展現也強化了加法，讓「累積資訊」不再局限於每個個體的心智。稍縱即逝的想法能被寫下、永久保存，超越口述傳承的準確度。克勞斯．史密特在大肚子山丘的工作成果，可以說是直接源自他從沒見過的一群學者的想法。絲蒂芬妮．普瑞斯頓、伊莉莎白．史珮克，或是伊莉諾．歐斯壯之類的人物發現某個想法後，這些想法也能傳遍世界各地。

考古學家能繼續發掘文明起源，但我們的「減法」科學並不需要等候。加法和文化乃形影不離，這點無庸置疑。我們在前面已經了解，最早期的文明，在一些關鍵層面上是被「加法」所定義的。人類不再需要花一整天的時間尋找食物，因此得以添加更多東西，像金字塔、建築和衣物。他們也添加了社會結構和想法，包括法律、宗教、寫作和數學。對住在缺乏這些東西和想法的那個世界的人們來說，「減法」會讓他們感到反常。當時的狀況不是「**不剩**任何東西可以移除」，而是「本來就沒有任何東西可以移除」。

沒錯，文化演化的確減去了一些東西。狩獵和採集活動變少，但文明是一項「擴張」的計畫，而既然現代文化是來自這些早期文明，我們因此都繼承了加法這項遺產，「這種規模和複雜度超越了任何務實功能的需求」。

2

我們對「更多」的共同熱愛也許強烈，但並非能彼此相通。隨著時間流逝，文化的演進導致人類出現不同的世界觀，而這些觀點塑造了人們對「改變」的看法。因此，我們在調查「減法疏忽」背後的文化力量時，應該看看不同的世界觀對「精簡」有什麼看法。

爲了探討這點，我們需要借助黑澤爾・羅斯・馬庫斯（Hazel Rose Markus）的一些基本知識，她在史丹佛大學擔任教授，率先研究人的心理習慣跟文化之間的關聯。馬庫斯透過自己深具影響力的研究，共同著作了《衝突！》（*Clash!*），書中記錄了她對文化世界觀的研究。在馬庫斯這本著作中，「衝突」是發生在兩種人之間。第一種人用自己的能力、價值觀和態度（人是獨立的）來定義自己；而第二種人則是按照自己的人際關係、社會角色和所屬團體（人是相互依存的）來自我定義。

兩個傳統的起源故事（陰 vs. 陽，該隱 vs. 亞伯）描述了，不同文化如何讓這些「相依」和「獨立」的世界觀延續下去。這兩個故事版本都是用來解釋人類如何出現。

宇宙誕生之初，陰與陽生自混沌，這兩者在「宇宙蛋」中取得平衡，第一批人類和第一批諸神因此得以誕生。今日，陰與陽和諧地共存於地球的核心。

該隱和亞伯這對兄弟，分別是亞當和夏娃的長子與次子。該隱成了農夫；亞伯則成了遊牧人，兩人都獻祭了一些東西給上帝。上帝更喜歡亞伯的禮物，不愛該隱的。該隱因嫉妒而殺害了亞伯。上帝因此懲罰該隱終生流浪。後來，他和他的後裔建造了人類史上第一座城市。

陰與陽反映的是相互依存的世界觀，人們覺得自己適應這個世界，就像彼此平衡的互補組件，就如同宇宙蛋裡的陰與陽。而該隱和亞伯的故事，則暗指人類是獨立於情境限制。某人可能是牧羊人，而另一人可能是城市製造者。

正如馬庫斯所強調，這世上有各式各樣的文化世界觀，絕非哪個單一的起源故事能一概而論。例如，跟美國文化相比，中國文化大多更傾向於相互依存的思想。然而，中國的道家思想強調個人幸福，比中國的儒家思想更貼近獨立主義。在崇尚獨立的美國，住在南方或中西部小鎮的居民更看重家庭和社區關係，也比東西兩岸的城市人更傾向於相依心態。

這種文化衝突並不僅限於宗教或生活環境。「已發展國家 vs. 發展中國家」「男 vs. 女」「藍領 vs. 白領」，這些不同族群之間都有著世界觀的差異。我要強調一點：在「該隱與亞伯」這種世界觀中，我完全符合「獨立主義」的定義：北半球國家大多比南半球國家更獨立，男性比女性更獨立，白領比藍領更獨立；而且無宗教信仰者比宗教信徒更獨立。我出生後，爸媽給我取了很少人有的名字「雷迪」。甚至有一項研究指出，名字獨特的人更獨立。或許你也跟我一樣，總是希望能憑一己之力，找出自己的人生方向。又或許，你認爲所謂的宿命就是回歸宇宙蛋中的平衡。總之，我們接下來看看，以上案例之間的差異可能如何影響我們採用加法和減法。

在黑澤爾·羅斯·馬庫斯界定「文化心理學」之前，許多學者已經懷疑世界觀會影響我們如何看待（並試圖改變）遇到的情況。在一九四〇年末期，心理學家赫爾曼．威特金想驗證這項理論，方式是「實際地」改變受試者的觀點。在布魯克林學院的實驗室，威特金和研究夥伴們用木板製作了一個大型箱子，裡頭能舒適地容納一人，底部有個電動千斤頂，能讓箱子傾斜成不同角度。這個可傾斜的小房間，讓學者們得以研究威特金後來稱作「場域依賴」（field dependence）的現象。威特金是從知名心理學家庫爾特．勒溫的研究裡，借用了「場域」這個名詞，學界注意到勒溫提出的革命性「場域理論」，其中「行爲」是指一個人及其所在環境（也就是「場域」）所產生的結果。

在威特金的可傾斜房間裡，受試者及其所在環境都能被移動。受試者一開始是坐在椅子上，然後椅子可以被調整、變化成幾種不同的傾斜角度。房間本身其實也可以被傾斜，但受試者並不知道這一點。受試者的場域依賴，指的是他們在判斷自己是否傾斜時，是依據所在房間是否出現傾斜的狀況。如果椅子和房間都以相同的角度傾斜（例如十五度），受試者A聲稱自己傾斜了九度，受試者B表示自己傾斜了三度，那麼A對「場域」的依賴就比B更低。這個房間也就是

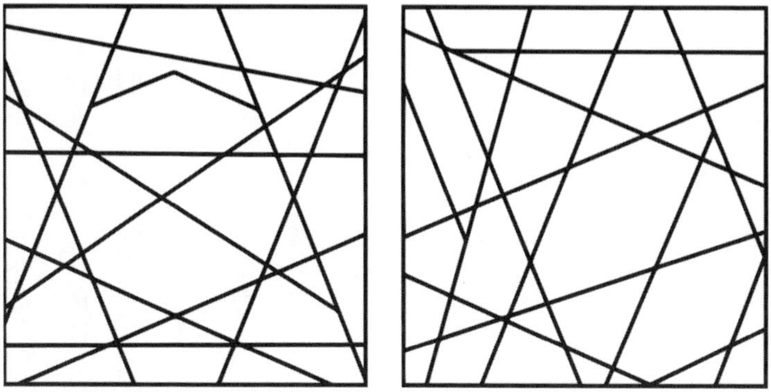

圖 4：嵌圖測驗。

「場域」，對認爲自己傾斜了九度的受試者影響較小。在同樣狀況下，認爲自己只傾斜了三度的受試者，就更依賴「自己跟場域的關係」。可傾斜房間的研究提供了第一批證據，證明了不同的人在看到同一個狀況時，會產生系統性的差異。

對場域依賴的測量後來變得更爲實際。「嵌圖測驗」（Embedded Figures Tests）也能有效地測量這種現象，而且在紙上或螢幕上就能執行。受試者會看到如圖 4 的圖案。

你找得到裡頭的八角形嗎？

你如果需要花很多時間，才能看出被

其他圖案包圍的八角形，就表示你對場域的依賴很高。你若是把注意力放在圖中（也就是「場域」）的所有線條上，就必須花費更多時間才能找到八角形。相反的，假如你很快就找到八角形，那可能沒注意到它周圍的所有圖案。

這裡能取得的一項推論是，你如果是「場域獨立」的類型，當專注於個別物體上的時候，就不會考慮到從物體所在的環境中拿走這個物體，也就是說你忽視了減法。針對這種減法疏忽所提出的建議，被冠上了各式各樣的名稱。設計系的大學生，被教導的是「同時觀察主體與背景」；他們在畢業前，應該會常常聽到教授提到正空間和負空間、明確空間（explicit）和隱含空間（implicit），以及實體（solid）和虛體（void）。

當然，另一項有效的推論是，你如果是相互依存的類型，當你把注意力放在周遭環境上的時候，就會忽視需要被移除的物體，意思就是你忽視了減法。

我們先把這些臆測放在一邊，這裡最重要的教訓是，人們對場域的觀點會受到文化演化所影響。爲了明白這個道理，你可以想像自己參與以下這項實驗：你眼前出現了一幅畫面，上頭是一堆沙，沙子被塑造成 S 字母的形狀。

然後，你眼前出現第二幅畫面，上頭有兩個情況：（1）一堆沙，以及（2）被排列成 S 形的玻璃碎塊。

然後施測者問你：「你在第二幅畫面上看到的兩個情況，哪一個跟你在第一幅畫面上看到的情況較相似，也就是 S 形沙粒？」

今井睦美和黛爾德・根特納（Dedre Gentner）向數千人施行了這個巧妙測驗的各種版本。今井是日本教授，根特納是美國教授，兩人比較了各自國家的受試者的反應。

在 S 形沙的實驗中，美國的受試者更可能回答：「用玻璃組成的 S 比較像那條用沙粒組成的 S。」

日本的受試者則比較可能選擇沙堆。

美國人對第一個情況所做的判讀是，S 形沙只是一條 S 形紋路，湊巧以沙粒組成。日本人對這個情況的解讀方式是，這是一堆沙，只是湊巧看起來像 S。

我們很容易認定，此研究結果表示日本人更傾向於全觀思考，或美國人更擅長看見細節。但更有用、也更容易驗證的結論是：有些人是看見場域（沙），而有些人會看到物體（S形字母）。

不同的人，一定會對同一種情況做出不同的解讀，這就是爲什麼場域依賴對我們而言很重要，因爲人們看待某個情況的方式會影響自己如何試著改變它，能影響我們會不會想到並選擇採用減法。

一

喬治亞州的薩凡納市永久展示著「看見場域」所帶來的獎勵。我和莫妮卡造訪此地的時候，刻意多花了兩天探索這座歷史悠久的濱海城市。如果從上空俯瞰，薩凡納市看起來有點像安迪的網格題。如圖5所示，這座城市是以幾個面積相同的大區所組成，每個大區的中心地帶有一座廣場。每個廣場周圍有八個小區：鄰近廣場和大街的四個較小的商業區，以及位於角落、由小巷分隔爲四個較大的住宅區。這種簡單的設計沿用至今，是城市規畫的傑作。

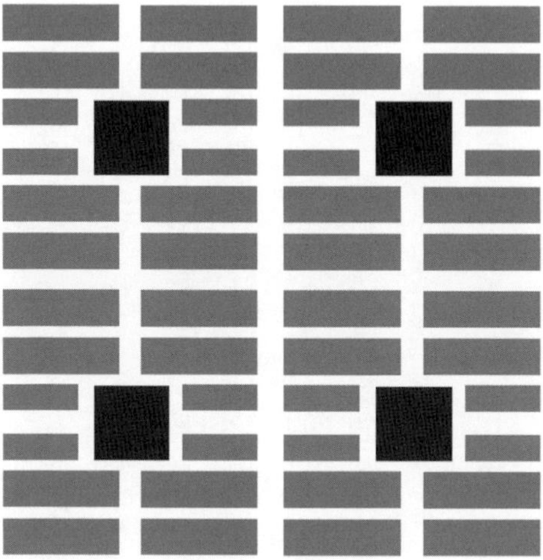

圖 5：薩凡納市的四大區和四廣場。

我驚訝地得知，薩凡納市的設計靈感不只源自一個來源。當年成立喬治亞州，並規畫薩凡納市的詹姆士・奧格爾索普（James Oglethorpe），提出了非常具有前瞻性的想法。因爲奧格爾索普推動英國的監獄改革，他讓一些得以獲釋的債務人，來到喬治亞州居住，並由他管理喬治亞州，所以最初喬治亞州是爲了收容被遷移的囚犯而成立的。一七四二年因爲喬治亞州禁止奴隸制度而改變了一切，喬治亞州的貴族階級也因此隨之結束。奧格爾索普對社會平等的遠見，也影響了他對薩凡納市的規畫。該市如今著名的廣場是大眾都能使用的公共空間，社群和城市的諸多活動都在這裡舉行。

我猜任何都市計畫系的畢業生（至少美國的），都能憑印象大略畫出薩凡納市的規畫圖。但你就算沒有設計方面的學位，也能明白薩凡納市直截了當的設計。和許多遊客一樣，我和莫妮卡被這座歷史悠久的城市所吸引，走過其中，我們知道拐個彎就會看到下一座廣場，很想看看那裡的花朵樹木、小徑和長椅，以及磚塊和鐵欄杆有什麼獨特之處。在這時候，這座城市到處都是人，他們在辦公室、家中和餐廳裡忙於自己的日常生活。這裡隨處都能碰到社交互動，無論在廣場裡還是大街上，或者是某個安靜的長椅上或小巷裡。

薩凡納市的規畫既適合遊客，也符合居民的需要。這座城市的規畫之所以成功，是因爲設計師看到了「場域」，且因爲考慮到公共空間的場域，這座城市因此縮小了私人建地的面積。大多數城市所規畫的建地，都遠比薩凡納市的更大。也出於下述的充分理由：寬敞空間不僅賞心悅目，也改善了空氣和水源的品質。但在薩凡納市，這裡的公共廣場、街道和小巷就扮演著開放空間的角色。每個人的建地可以小一點，是因爲所有人附近都有一座公園。薩凡納市令人難忘，是因爲公共廣場和私人建地被視爲一體。

無論是規畫一座殖民地，還是解答安迪的網格題，我們若能看見「場域」，就比較不會疏忽減法：雖然那些東西可能消失在背景裡，但還是會決定我們透過哪種方式做出改變。場域並不僅限於實際物體。對奧格爾索普來說，薩凡納市的設計是「社會平等」這個大局的一部分。他是爲了人們及其人際關係而設計這座城市的。奧格爾索普看到了這些比較難看見的場域，因此設計出令人嘆爲觀止的街道和廣場。

無論你信不信，但紐約哈林區的囤積狂科利爾兄弟的故事，在這方面其實也能讓我們學到東西。這兩兄弟的下場，提醒我們記得自己擁有加法的本能。而接下來這個案例，說明了我們多難看見場域，而看到場域能讓我們變得多麼強大。

科利爾兄弟於一九四七年過世後，生前所住的褐沙石房屋遭到拆除，位於第五大道和第一百二十八街的這塊土地也被拍賣。這塊空地持續荒廢，直到一九六

○年代初期，因爲哈林區的暴動，全美國再次注意到低收入都市社區的居民面對的困境。有人對此提出一項提議：把空地改造成所謂的「袖珍公園」。

為了在哈林區嘗試這個想法，幾個慈善家買下了第一百二十八街的三塊空地。第一塊成了兒童遊樂場；第二塊當成籃球和乒乓球場；而第三塊，也就是位於第五大道轉角的科利爾空地，則打造成給成年人使用的休息區。

慈善家們知道，就算把這些空間開放給民眾使用，也無法解決這些街坊居民面對的制度性弱勢。但慈善家們也清楚，低收入都市區所面對的一項困境，就是缺乏戶外空間。

袖珍公園，就是在面對「城市裡的戶外空間」的問題上所做的獨特思考。無論是薩凡納市的諸多廣場，還是紐約龐大的中央公園，民眾都習慣看到經過計畫和設計的空間，正如大家習慣看到聳立於這些空間周圍的建築物，也習慣於一片空地因爲添加了步道、池塘和紀念碑而改變。

然而，袖珍公園並不是這種形式的改變。位於第五大道和第一百二十八街路口的科利爾兄弟公園，更依賴的是周圍的場域，而不是空地本身。這座公園所提供的庇護感和靜謐感，是來自第五大道上的鄰近建築。這座袖珍公園裡的少數樹木和灌木叢經過精心擺放，在休息區和繁忙的人行道，以及街道之間形成了一片可以透視的緩衝區。科利爾公園對「場域」的依賴，就是爲什麼美國計畫協會的官員們在針對袖珍公園的報告上指出，這類公園「需要很小的花費，但需要大量的想像力」。這項見解早於我的團隊透過風暴兵實驗所獲得的發現，但結論跟我們的非常相似。減去一個樂高，這似乎不需要耗費多少力氣，成本也比較低。但想透過減法創造改變，就需要更多心思。

好消息是，無論是樂高結構還是哈林區，讓人們想到採用減法的額外思考，會帶來豐厚成果。華盛頓紀念碑反映出更多力量，科巴金字塔則是一條通往諸神、更具說服力的途徑，因爲這兩座建築都是被開放空間所包圍。而且，因爲科利爾兄弟公園跟周圍城市產生對比，因此在一個最難讓公園引人注目的地方變得格外引人關注。

事物的眞理，是反映於大量的想法裡。當諸多理論被建構之後，從這種「概念上的場域」取走事物的行爲，能夠強化我們的理解。對伊莉諾·歐斯壯和克勞斯．史密特來說就是這樣。史密特的團隊在發現令人驚奇的紀念碑後，不斷在周圍挖掘，但在大肚子山丘上並未發現永久聚落的跡象，他們當時一定感到困惑，甚至氣餒。如果他們找不到聚落遺跡，當時的主流理論就無法解釋紀念碑爲何存在。然而，史密特因爲注意到現場「沒有」什麼東西，反而得出了一項關於文化演化上更正確的判斷。

沒錯，文化會強化我們的加法傾向。然而，也是文明給我們帶來透過減法予以改善的各種情況。我們的擁擠城市和知識都提供了一個場域，在這個場域裡，袖珍公園和減法式思想不僅能成真，還可以帶來改變，但前提是我們不能再忽視它們。

3

我來到華盛頓特區的國家廣場時，原本可以自由自在地跑過華盛頓越戰紀念碑旁，但旁邊的告示牌和工人們提醒我不能在紀念碑之間奔跑。其實並不需要這樣提醒來參觀越戰紀念碑的遊客。因爲這座「越戰牆」令人肅然起敬，就算我前方有一條坡道平緩的舒適步道，但我發現自己經過這裡時，還是忍不住停下腳步。華盛頓紀念碑曾是世界上最高的結構，但越戰紀念碑的設計則是嵌入了地面，由樸素的黑色花崗岩板所組成的長牆。如果你沒去過那裡，我認爲建築師林瓔對自己設計的這座紀念碑的描述，完美地捕捉了人們對它的第一印象：

> 當你走過此形似公園的場域時，會看到紀念碑如地面裂痕般出現，它是一堵冗長而光滑的黑色石牆，出自大地，也陷入大地。你走向紀念碑，地面坡道溫柔地向下傾斜，出現在兩邊的矮牆拔地而起，

在前方的坡道下方某處交會。走進紀念牆所包圍的這片草地時，我們勉強看見刻在牆上的諸多姓名。這些數量看似無限的姓名，傳達了龐大的數量感，但也把這些個體集結成同一個團體。

位於華府國家廣場的這座越戰牆與眾不同。這是林瓔採用的減法設計。建築師在決定「設計的意圖」時，可能極其主觀。可能有人會說林瓔是給這塊地「添加」了越戰牆，是爲了滿足一個壯觀的加法遠景，而移除了一些土壤。幸好，林瓔曾親自說明自己如何設計出這個傑作：「在我的認知裡，越戰紀念碑並不是豎立於大地的物體，而是地上的一道刻痕。」

她說了算。林瓔採用了減法，而她這麼做，在紀念碑這個領域激發了人們的驚嘆。

眾所皆知，林瓔是在耶魯大學修學士學位期間，構思出這個代表性的設計。一位陸軍上校來到林瓔的宿舍房門前，通知她說，她的紀念碑設計在一千四百多個參賽者當中脫穎而出，而這座碑是爲了紀念美國當時歷史上最漫長的一場戰

圖 6：林瓔筆下的獲獎越戰紀念碑設計。

爭。事實證明，這是個好選擇，越戰牆成了全美國最受喜愛的紀念碑建築之一，在這類主觀清單上經常擊敗華盛頓紀念碑。

如今受人愛戴的設計，在當時其實引發了爭議。林瓔的設計揭曉時，政治家們撤回了對這座紀念碑的支持，其中一個原因他們認爲它看起來不夠像個紀念碑。民眾的不滿，也讓內政部長有藉口延後頒發建築許可證。越戰牆終究完工，但設計上有一些妥協，加入了一支五層樓高的旗竿，牆壁凹陷處也添加了一尊巨大的士兵銅像。

顯然林瓔的設計由自己的個性所主導，但她曾提出詢問：如果評選委員會知道她的背景，是否還會選擇她的設計？林瓔當時是匿名參賽，因爲如果不這麼做，就可能因爲年紀太輕，再加上身爲女性而不受青睞。建築業是由男性所掌控的領域，委員會一名成員如此評論林瓔那幅像畫家所繪的粉蠟筆設計圖：「他一定清楚知道自己在做什麼，才敢畫出這麼天眞的東西。」林瓔的身分揭曉後，越戰牆的反光黑色花崗岩被批評爲「太過女性化」。如果效果眞是如此，那麼這樣的結果才好。正是光亮的石牆將空間營造得讓人心神不寧，而且這個空間看起來彷彿位於碑上姓名的另一邊。林瓔如此描述這個空間：「我們無法進入其中，這個空間也將我們和那些姓名區隔開來」。大家對林瓔之作的評價，也可能被她的種族背景所影響。當世人得知設計出自林瓔之手後，《華盛頓郵報》發表了一篇文章，把這座紀念碑稱爲「一個亞洲人爲一場亞洲戰爭所設計的紀念碑」。林瓔第一次參加記者會的時候，被問到她明明是亞裔，又爲何設計越戰紀念碑。

人們會很想找出文化背景和設計方式之間的關聯，包括減法。這就像每次有人聽聞我們的研究，就會臆測哪些文化更能找到減法。嘉貝麗有個來自荷蘭的朋友（跟我們談話時，他正在喝啤酒），對方說自己確信跟他一樣來自日耳曼文化的人，在安迪的網格題上，一定都會做出正確的減法改變。

但這種猜測需要證據。

嘉貝麗請她的國際夥伴們幫了忙。她在日本的一個朋友，答應對自己的學生們（傾向於相依文化）施測安迪的網格題。而德國的一個聯絡人，將協助我們驗證嘉貝麗那個荷蘭朋友的自信是不是有其根據。

答案是沒有。我們發現德國和日本的學生都忽略了減法。這兩組之間些微不足道的差異，小過不同的網格圖案之間的差別。

我的團隊透過德國和日本實驗所獲得的發現，並不表示「使用減法」上沒有文化或地理的差異，畢竟我們這次只對兩個國家的兩小群受試者做了實驗。這兩組人之間的其他文化差異，也可能抵銷了地理方面的差異。也許財產比較少的人，會覺得加法更有價值；或許住在人口密集區的人學會了減法。試圖操控所有可能具有影響力的文化因素並不務實。

對文化差異的臆測，比較適合當成喝酒聊天的話題。但我們無法解釋大多數的行爲（包括採用加法和減法）是源於一個人是獨立，還是相依；是男或女；是大學生，還是「大人」。就算林瓔的父母是從中國移民去美國，我們也不應該認定林瓔的紀念碑減法是東方相依文化的產物。其中一個原因是，林瓔曾說過，她是在稍微長大一些後，才意識到自己來自中國的背景。

我們取得的實驗證據，全都指出「減法疏忽」遍布於任何群體和情況。更重要的是，我們就算發現有任何差異，也沒辦法做些什麼。我們沒辦法針對「你當初應該出生在荷蘭」這種建議採取任何行動。就算有，這也沒辦法讓人更擅長找到減法。

這雖然看起來像個死胡同，但還是能讓我們學到一些有用的教訓。想明白爲什麼，我們必須重提黑澤爾·羅斯·馬庫斯關於文化的心理習慣之研究。馬庫斯在《衝突！》一書中強調：「我們都強烈地認爲自己在任何場域、時間和情況下都保持不變。」她說這種認知是錯的，因爲：「我們如果更仔細觀察自己人生的故事，就會發現自我之中其實有許多個不同的自我。」馬庫斯在衝浪、教書、寫論文、寫暢銷書時，都是不一樣的自我。同樣的，我也許喜歡獨立，但在教育兒子的時候，會試著（或被迫）採用更多的相依態度。當一個三歲孩子爲了不用暫停組裝樂高而命令你給他倒一杯牛奶的時候，你很難覺得命運掌握在自己手裡。

黑澤爾·羅斯·馬庫斯的研究，證實了華特·惠特曼在所著的《自我之歌》（Song of Myself）中進行的內心對話是正確的：

我自相矛盾嗎？
很好，我自相矛盾，
（我很大，我擁有眾多層面。）

想看見並達成精簡狀態，重要的並非你是中國人還是美國人，是男是女，甚至是相依還是獨立的自我。眞正關鍵的是我們能否觸及自己心中的「多層面」（multitudes）。正如馬庫斯在《衝突！》中所說：「對許多人而言，你如果意識到自己心裡有兩個同樣眞實的自我，心理資源就會增加一倍。」

我們如果懂得欣賞文化的多層面，這項建議就會比一般那種「不同凡想」（think differently）的建議更爲有用。文化上的多層面，暗指我們能透過獨特的專業觀點，來提高自己「看見減法」的機率。我若不確定是否該刪掉一個跟本書無關、但能展現自己獨立能力的段落，就會參考我在「相依」方面的某些特點。我會發現這個段落可能違背讀者對我的寶貴信賴，所以予以刪除。（好吧，其實我會把它收錄在長達四十頁的「摘錄」檔案裡。）

跟安娜·凱契琳的多層面相比，我的實在不值一提。凱契琳是二十世紀最傑出的工程大師之一，但她的職業身分並不是工程師。凱契琳的學位和執照都是「建築師」，她是康乃爾大學資優班的第一批畢業生之一，也是第一位獲得賓州頒發執照的女性建築師。凱契琳爲自己設計所帶來的，不只是職業方面的多層面。她在大學打過籃球，是第一批駕車上路的婦女之一，甚至曾在第一次世界大戰擔任間諜；她在應徵該軍職時，強調自己的力量、對機械的了解，而且能說流利的德文，因此她想扛起「更困難……或者該說更危險的」戰期角色。安娜·凱契琳大得不得了，她擁有眾多層面。

在今日，大部分的建築用磚塊是空心的，看起來很像「8」這個數字。但在安娜·凱契琳出現前，磚塊是實心的。實心磚建立了美索不達米亞的住家、羅馬的競技場、科巴的金字塔，以及華盛頓紀念碑。如果你的房子歷史超過一百年，那它大概是用實心磚製成的。然而，凱契琳在一九二七年申請「K形磚」（K-brick）的專利時，對沉重的實心磚進行了減法。身爲工程師的凱契琳知道，只要磚塊的外側負重面夠穩固，磚塊的內部其實可以做成空心。身爲建築師的凱契琳也了解，建築完工後，空心磚從表面看來就跟實心磚一模一樣。

「更少」不僅可行，而且「更好」。和一般的磚塊相比，凱契琳的空心磚只需要一半的原料，她的磚塊因此成本較低，而且更容易施工。這種磚塊的製造過程耗費較少的能源，運輸過程使用了較少的燃料。也因爲空心磚裡的空氣產生了

圖 7：安娜 · 凱契琳的 K 形磚。
南希 · 柏金斯（Nancy Perkins）攝

絕緣效果，整棟建築因此更舒適、更安靜，也更防火。

凱契琳的減法式見解，促使了世人採用新型磚塊，它不僅用於學校和摩天大樓的牆壁，我家的兩層樓擴建屋也是用幾百塊空心水泥磚堆砌而成。

但我認爲，要不是凱契琳的「多層面」裡有身爲建築師的一面，她應該就不會想出對工程方面的這種改善。她發明的磚塊，精采地示範了「同時思索物體和場域」；凱契琳在康乃爾大學求學的時候，教授在這方面使用的詞彙應該是「主體與背景」。凱契琳從物體減去了原料，也就是從磚塊裡減少了一部分的水泥。透過這種做法，她改善了場域，磚塊也因爲產生了空間而變得更輕，更具絕緣效果，而且更好。

沒幾個人能像安娜．凱契琳那樣擁有豐富的多層面，但每個人都至少能在自己心裡找出幾個。不妨用上一章試過的減法觀點來想像「觸及自己心中的多層面」。如果批量模式沒能揭露減法，那我們可以試試距離模式。假如絕對觀點沒能讓你發現減法的優點，你也可以試試相對觀點。如果你對物體的獨立心態引發你採用加法，那假如你使用相依心態看待周圍場域的話，或許就能發現精簡。

的確，觀察兩種多層面確實需要兩倍的思考量，我們也未必總是有時間這麼做。我們心中一部分的多層面，也許能協助自己看見減法，但另一些可能讓我們辨識加法，結果強化了我們對「做出改變」的偏袒方式。沒有哪個特定的「自我」一定能幫助我們看出減法。話雖如此，某種文化手段也許能發揮這種作用。

4

我在分享研究發現時，學到必須強調：雖然人們忽視減法，但我並非想要宣稱「減法一定是最好的選擇」。然而，無論我發表了多少的免責聲明，一定會有人提到哪個高速公路、會議或想法絕對不適合減法。

我必須強調這點，是因為至今仍會發現自己常把加法和減法想成「二選一」的提案。我在最後幾次檢查本書的定稿時，其中一個目標是確保自己把加法和減法描述成「互補」的性質。我必須說清楚：想看出我們忽視了哪些選項，就需要把「加法**或**減法」的想法轉變成「加法**與**減法」。

我們如何應對矛盾之處，怎麼看待「加法**或**減法」與「加法**與**減法」，就是人們在「做出改變」上的關鍵差異。你傾向於哪一種？

爲了練習，我們來想一想迦梨女神的模樣。

根據一項關於滾石樂團的傳言提到，該樂團著名的「熱脣」商標，參考了印度的破壞女神迦梨的造型。滾石這幅商標上，是類似卡通造型畫風的鮮紅雙脣中，吐出了紅舌，以叛逆的姿態伸向全世界。熱脣傳達了情欲和叛逆的態度，正如滾石這個傳奇的搖滾樂團。

除了飽滿的嘴脣和叛逆的舌頭，迦梨女神的肖像上通常也能看見她手裡抓著染血武器、斷肢和串起的斷頭。而滾石的那幅商標裡沒納入這些染血特徵。

很多天神爲這個世界添加東西，但迦梨女神負責拿走。她是破壞女神，聽起來很嚇人。根據傳說，一群凡人曾試圖向迦梨女神獻祭活人，但她不喜歡他們的祭品。相較於該隱和亞伯的上帝，將犯下謀殺的該隱判處終生流浪，迦梨女神則沒那麼寬宏大量。她將懷抱錯誤想法的崇拜者們斬首，然後喝下他們的血。另一個著名的故事，是她有次對抗一個滴著血的鬥鬼，鬥鬼的每一滴血都成了自己的複製體。她解決這個問題的辦法，是把第一個鬥鬼的血放乾，然後專心地解決諸多複製體，將牠們吃下肚。

迦梨女神與複製體之戰，就是印度的「暴徒教派」（Thug cult）的起源故事，他們把自己視爲迦梨女神之子，生自她的汗水。在一八〇〇年代，暴徒教派肆虐印度、孟加拉和西藏各地，劫殺旅人。暴徒教派殺害了大約兩百萬名受害者，而爲了向破壞女神致敬，他們通常將受害者掐死並凌虐。

但先別丟掉你的熱脣 T 恤，因爲迦梨女神也象徵母愛。她擁有創造力，照顧人們，充滿關愛，而且仁慈。

上述故事是眞的，還是假的？

迦梨女神的雙重性讓我感到心神不寧。一般來說，我喜歡的「多層面」有明確的善 vs. 惡、輸 vs. 贏，最近則是加法 vs. 減法。如果某個想法和另一個想法產生矛盾，那麼其中之一必定是錯的。如果 A 是事實，那麼 A 以外的論點一定都是假的。

迦梨女神卻是一個極大的自相矛盾。她對我們微笑，就算她也會做出殺戮行爲。她掛在身上的斷頭斷肢表示自己將怒火付諸行動，也象徵創造力，以及對人類自我的切割。她那著名的舌頭象徵著情欲、叛逆和嗜血欲。研究這類事物的學者們認爲，那根舌頭也象徵端莊和羞愧。

迦梨女神並不符合一個易於描述的善 vs. 惡，而是超越了善與惡。她是該隱和亞伯——以及上帝——的混合。

「消弭矛盾之處」並不是壞事，這從亞里斯多德的時代開始就改善了人類的思考能力，亞里斯多德相信如果兩個想法彼此矛盾，那麼其中一個就必須被排除。我們的邏輯能力懂得欣賞所有的科學突破，包括適用於各種生物的生物分類學，促成現代電腦的數學邏輯，以及伊莉諾·歐斯壯減去關於公共資源的悲劇。

但我們如果試著消弭兩個「其實並不互斥」的想法之間的矛盾之處，這就會產生問題。例如，我們在前面的章節已經了解，問題不是生理或文化力量能否解釋自己的加法行爲；而是在我們「疏於減法」上，這兩種力量都有其影響力。我們如果爭論哪個因素才是罪魁禍首，這麼做只是浪費時間，而且造成自己無法學會該如何改善。

其中一個原因是，我們試著解決並不存在的矛盾之處，硬是想把人類和文化塞進僵化的類別，就算這違背了黑澤爾·羅斯·馬庫斯的勸戒。我們因爲試著解決並不存在的矛盾之處，結果爭論某個億萬富翁捐了一棟新建築給母校是爲了避稅？爲了給自己興建一座紀念碑？還是因爲在乎教育？我們很難相信答案可能是「三者兼而有之」。

這就是爲什麼我一直提醒聽眾：我並不是一定支持拆掉高速公路。問題不是「我們該採用加法，還是減法」，而是「我們該如何運用兩者」。

正如在上一章看到的，我們的生理構造會產生東西，也會選擇東西。在我們的文化裡，因爲加法確實爲人們帶來了很多美好的事物，因此這必定表示被疏忽的減法其實暗藏潛力。「加法**與**減法」的思考也適用於紀念碑；林瓔也許把那道牆視爲減法性質的「削減」，但也用其他參賽者沒做到的方式做出了「添加」。林瓔的紀念碑上，列出了所有死於越戰的五萬八千三百一十八名美軍的姓名。

文化是生自持續進行的加法，意思就是文化渴求「更多」。更多糧食，更多住處，更多基礎設施。人們終究開始需要專業的政府和軍隊，這也引發對新的道路、要塞和城牆的需求。這些彼此支持的需求會需要更多自然和人力資源，而爲了獲得這些資源，加法式文化因此擴張。羅馬人建立競技場，所需資金是來自他們在耶路撒冷殺掉大約一百萬人所取得的財寶，耶路撒位於羅馬競技場東方一千多哩外。

擴張中的羅馬帝國併吞了耶路撒冷附近一座農業聚落後，所產生的文化更看重羅馬式的加法，這跟瑪雅人在猶加敦半島的擴張其實沒有差別。建立了薩凡納市和華盛頓紀念碑的減法式思想向西傳播、遍及美國大陸的時候，也吸收了原住民的生活方式，而我們就是這些加法式文化的產物。

話雖如此，就算加法建立了文明，但還有許多人對「更多」抱持懷疑，甚至排斥態度。對「太多」提出警告，這在所有主流宗教中都是共同的主題。對某些教派而言（例如方濟會、喀爾文教派、禪宗佛教，以及印度禁欲教派），「追尋靈性」就是積極地唾棄世俗之物。對生活在古代的獨立文化和相依文化的人類，以及羅馬士兵和瑪雅建築工來說，唯一合理的社會經濟目標，是維持自己目前的生活，而不是讓生活變得更為先進。

無法或不願追尋更多，並不等於「看得見精簡的價值」，但確實能遏止一些加法行為。但就算加法會促使文化成長，我們所知的「追尋更多」的這種心態並不是散布於社會各處。

至少目前還沒有。

第四章

多多益善

時間、金錢，以及「加法」這個現代福音

1

我告訴莫妮卡自己正在寫一本書，是關於人們爲何忽視減法、能如何自我改善，她提出的第一個疑問是：「如果讀者發現我們有搞加法怎麼辦？」這個嘛……

莫妮卡指的是，我們改造了自家這棟新建的（大約建於一九四七年）科德角式房屋。新家面積是一千五百平方呎（約四十二坪），大約是舊家的一半大。我們並不介意大屋換小屋，但這棟小屋確實需要翻修。我們的新家原本是租給學生的，住客雖然把它照顧得不錯，但房東做了一些令人質疑的決定。我最討厭的是廚房裡的塑膠地板，它是黑白棋盤格紋，而且表面有些立體紋路，似乎能更有效地藏汙納垢。

爲了蒐集一些關於翻修的想法，我邀請學生參與一項設計比賽。我和莫妮卡的目標很明確，我們用「以減爲加」這個標題來宣傳這項比賽，並強調我們的目標是「透過減法來改善人類在住家和環境中的體驗」。同時也強調，如果這次翻修能透過減法來傳達某種訊息，我們願意付出更多報酬。我們知道不該剝削學生的才能，所以表示願意付出一千塊美金的現金獎，而且附贈餅乾。二十幾個主修建築、工程和環境設計的學生參加了比賽。

我向這些參賽者宣揚一些自己這些年來累積的「少即多」智慧：工業設計師迪特．拉姆斯的建議：「更少，但是更好」；知名化學家喬治．懷特塞茲在一場TED演講上說，我們需要尊重「精簡」，而且別再把「看到就會明白」這種適用於色情影片的邏輯套用在精簡上；我甚至也分享了已故的喜劇演員喬治．卡林對住家設計的哲學：「我們要不是有一大堆東西，就根本不需要房子……房子只是一大堆東西，上頭有個屋頂。」比賽進行了三個月後，參賽者們把提案呈現在我、莫妮卡、承包商和以斯拉的眼前，而以斯拉偏愛那些把免費餅乾拿來轉送給他的參賽者。

這些學生提出了一些非常聰明的設計。一個大二生發現了一些沒被利用的垂直空間，藉此給以斯拉的臥室添加一個閣樓空間。一個大三生改變了後院的坡道，加入了一條從屋外進入地下室的通路，把地下室改成了能住的空間。兩個碩士生修改了整個室內平面圖。

但是……他們都沒採用減法。我們的競賽主題激發了空間的經濟效益，而不是更少的空間。

正如莫妮卡擔心被讀者知道的，教授其實比學生更不懂得記取自己教過的東西。如今的成果，是一棟擁有五個房間、兩層樓、九百平方呎（約二十五坪）的擴建屋，延伸自原本一棟小小的科德角式房屋的後側。

沒錯，加法改善了我們的家；我們現在擁有很好的新空間，二樓的地板就是以斯拉樂高積木的屋頂。但我們一直沒有機會看看減法是否也能改善我們的家。

我們疏忽減法是出於許多心理、生理和文化因素的交互作用，就像我先前提過的其他例子。但這些因素都無法充分解釋自己爲何採用加法。我和這些參賽者確實都考慮過減法，這就是這場比賽的主題。然而，雖然我這個行爲現代性的人類壓抑了自己的加法本能，抗拒了來自外界的壓力，卻還是沒能採用減法。

爲了解釋這個選擇，我們必須考慮最後一項不利於減法的因素：經濟。房屋翻修伴隨著一項事實：室內面積變得越大，價值就會越高。參賽者們找不到任何辦法來繞過這項財務現實，我也做不到。花錢翻修房子卻不提高室內面積，是風險很高的投資。花錢削減現有的室內面積，這麼做根本荒謬。對班恩的兒子和布萊茲．帕斯卡爾來說，「較少的空間」就跟「負數」一樣荒唐。「住家減法先驅者」這種身分，還是讓給別人吧。

「添加室內面積來增加個人財富」，其實相對來說，是個很新穎的想法。人類總是擁有加法這個本能，而歷代祖先的「更多」文化造就出我們，現代經濟學的邏輯引導大家如何建造、思考，怎麼使用寶貴時間。正如我們探索了加法背後的生理和文化根源，也需要探究導致人們濫用加法的經濟力量。想了解這個讓人類被「更多」吸引的新觀念，我們就需要了解它的起源。

—

一九四九年一月二十日，一百多萬人聚集於華府國家廣場，聆聽哈瑞．杜魯門總統的就職演說。政府讓聯邦員工在那天放了假，以便他們參加這場盛會。那是美國史上第一次電視轉播就職典禮，因此觀禮的不只是現場觀眾，也包括位於全國各地電視機前的無數民眾。杜魯門的二十分鐘演說透過各大電視臺播放，出現在學校教室裡的電視機上。該影像也經過翻譯，跟全世界分享。全世界觀看、聆聽、閱讀並討論他的話語。

杜魯門的每一名觀眾，都經歷過第二次世界大戰的影響。我的祖母蜜蜜覺得自己是幸運兒之一。她是那個時期少數能上大學的女性，她進了新罕布夏大學。日本人轟炸珍珠港後，她被教務長叫去辦公室，得知學校的數學老師急著找人填補男教師去當兵而造成的空缺。蜜蜜主修數學，儘管還差一學期才能完成學位，但她的教授們認定她有能力教學。蜜蜜交出了一篇讓某個吹毛求疵的社會學教授滿意的報告後，提前一個學期拿到大學學位。一九四二年，蜜蜜沒出席大四的春季學期，而是被送去西麻薩諸塞州的鄉下，在那裡教數學，而且獨自生活。

那一年，她的未婚夫約翰爲了報效國家而從軍，結果出國參戰後再也沒回來。在大戰結束時，全世界有三%的人口都和他去了另一個世界。

也因此，杜魯門演說的時候，人們已經受夠了世界大戰，他在演說的前半段回應了主流想法：共產主義是最大的威脅。在這個背景下，他說出的頭三個重點符合人們的期待。美國將全力支持新成立的聯合國、戰後復興，以及跟北美和歐洲建立軍事聯盟。

杜魯門的第四和第五個重點則令人驚訝。他表示：「我們的目標，應該是幫助世上的自由人民，透過他們自己的努力……減輕他們的負擔。」這對美國或任何國家來說，都是前所未有的目標。杜魯門宣布的是，想避免日後衝突的一個辦法，就是照顧國境外的其他人。蜜蜜想必覺得這句話很中聽，她確實在乎所有人類，況且她在七年前才失去了未婚夫。她的新丈夫在國防產業工作，而且她生下的兒子們很快就可以長大至可以入伍的年齡。

杜魯門在世上最大的舞臺立下這個新目標時，並沒有共識指出要如何達成這個目標。我們要怎樣「減輕世上自由人民的負擔」？他說出相關辦法的一些細節：美國將幫助自由人民，以便他們幫助自己，透過「更多糧食，更多衣物，更多建屋材料，更多機械動力」。

這種宣言方式有個響亮的名稱，叫做「首語重複法」（anaphora），是人類歷史上最古老的修辭法之一。首語重複法是指，爲了加強語氣，在一連串的句子開頭，使用同樣的詞彙或片語。惠特曼在《自我之歌》中，就是使用首語重複法來強調所謂的多層面：

你曾否認為一千畝很廣闊？你曾否認為地球很廣闊？
你曾否練習許久才學會閱讀？
你曾否因為讀懂詩句而感到驕傲？

惠特曼重複寫下的「你曾否」促使讀者把注意力放在自我上。杜魯門屢屢說出「更多」則是爲了強調加法。

杜魯門前總統在首語重複法中，重複說出「更多」，是爲了表達美國在戰後的目標。他在演講中這樣說下去：「更強大的生產力，就是獲得繁榮與和平的關鍵。」

在當時，沒有比「生產力」更重要的社會目標。我的祖父及其兒子們，就是因爲更強大的生產力，而免於步上我祖母那個未婚夫的後塵。

現在回顧那場演講，我們很容易忽略杜魯門對「更多」的這番召喚是多麼重要。但別忘了，在人類歷史上，大多數的優良公民，無論是在大肚子山丘、羅馬，還是科巴，其生活目的都不是累積財富。企業家和商人常常被當成社會邊緣人，或是更糟（看看《聖經》中的「放債人」這個身分就知道了）。沒錯，以前的社會有寡頭統治者、封建領主，以及尼祿和瑪麗・安東妮這些不懂得自制的象徵性人物，但大多數的人並沒有追尋經濟方面的「更多」。

杜魯門的電視演說，爲一個從一七〇〇年代開始更受歡迎的想法帶來了轉折點。經濟哲學家亞當・史密斯在當時提出一個論點：想盡可能改善許多人的生活狀況，經濟成長就是最公平的方式。如果沒有經濟成長，大部分的人就沒有機會滿足史密斯所謂的「改善自我」這種與生俱來的欲望，例如在美索不達米亞製作曬乾磚的勞工、被迫建造羅馬競技場的猶太囚犯，以及爲了打造華盛頓紀念碑而採集石材的奴隸，都缺乏這種機會。

到了一九四九年，現實狀況也強化了史密斯對「更多」的想法。儘管發生了兩次世界大戰，但工業革命帶來的經濟成長還是改善了許多人的生活水準。一個以相反方式提出相同證據的事實，是政府意圖幫助人民的一些計畫案以重大失敗收場。在第二次世界大戰爆發前的經濟大蕭條期間，政府會付錢給農夫，要他們別收割棉花，別把屠宰後的豬隻拿去市場賣；政府這麼做是希望，如果能減少供應量，價格就會上漲。

結果，政府想得太美了。這種手段只是讓經濟變得更蕭條。在經濟大蕭條最嚴重的時候，美國有四分之一的工人失業，國民所得縮水了一半，而且到處都有糧食短缺的問題，被浪費掉的豬肉在這方面更是幫了倒忙。蜜蜜在那段期間也覺得自己很幸運，有能力跟她的孿生妹妹分享自己的鞋子和晚餐。當時世上其他地區也一樣糟糕，而這給了納粹和其他法西斯集團崛起的機會。

那些在全球大蕭條期間失敗的「反更多」計畫，成了經濟學家凱恩斯能拿來使用的證據；他依據史密斯的想法，推翻了「累積財富是缺乏道德的行爲」此一歷史悠久的觀念。凱恩斯認爲，個人消費就是通往集體繁榮之路。如果有更多人買鞋子，公司就會爲了迎合這項需求而成長，這會爲更多人創造薪資更高的工作，而這意味著更多人就會有更多錢買鞋子，以此類推。

凱恩斯解釋，這種加法式的良性循環在大蕭條期間成了惡性循環。因爲收入減少，人們的反應是減少花費，這麼做雖然在個體層面上很合理，卻也使得整體經濟規模縮小，這意味著人們能花的錢也變得更少。這場全球經濟危機引發第二次世界大戰的時候，牽涉其中的諸國終究被迫在「軍事成長」上花錢，而這打破了原本的不良循環。

大戰結束後，凱恩斯「個人加法會爲整體帶來好處」的想法，開始被歐洲和美國政府融入於政策。也因此，杜魯門的就職演講象徵著「愛國公民有責任多多消費」，以及美國接受了這種國際觀念。美國所支持的這套體系，讓每個人都能夠——也應該——追求經濟財富之夢。「更多」如今成了道德目標，成了獲得平衡的關鍵。

在杜魯門的就職演講後，巴西、印度、埃及、墨西哥和其他國家都接受了步調快速的經濟加法。如果有哪個國家想成爲國際金融貿易的一分子，就必須努力推動自己的經濟成長。經濟成長成了國際貨幣基金和世界銀行下達的指令，這些新組織成立的目的，是透過「更多糧食、更多衣物、更多建屋材料、更多機械動力」來減少某些國家的負擔。

這個新穎的「多多益善」道德觀，引來了一些現代人熟悉且有其根據的反論：過多的經濟成長會使得財富集中於一小群人上；在有限的星球上進行無限的擴張，這在物理上是不可能的。但在當時，對聆聽杜魯門發言的民眾而言，減輕經濟負擔的辦法就是「更多」。對印度、阿爾及利亞或厤州西部的農夫來說，更多的生產確實能迎來太平盛世。我的祖母接受了這種做法，而截至目前爲止，她的四個孩子、七個孫子和十三個曾孫都倖免於第三次世界大戰。

不只我的家族如此，杜魯門在首語重複演講中提出的「更多」，確實讓更多人得以過上好日子。一九四九年的全球人口是二十五億，這個數字是一九四九年之前，整個人類歷史上所有的人口加總。一九四九年之後，這個數字只花了七十年就翻了三倍。隨著人口增加三倍，全球人均收入也從一九五〇年的每年三千美金，增長至二〇一六年的每年一萬四千五百美金。全球平均預期壽命，從一九五〇年的四十八歲，提高至今日的七十多歲。一九五〇年，在十五歲以上的人口當中，只有五五%的人識字，而今日的識字率則超過八五%。雖然今天有數十億人依然生活於貧困，但也有數十億人享有蜜蜜當年沒有的選擇和機會。

儘管如此，進化因素和林瓔的設計理念讓我們知道，重點是加法**與**減法。就因爲加法讓事情變得更好，並不表示減法就做不到。

2

我們從二十世紀中期開始追尋的，並不只是更多糧食、衣物、建屋材料、機械動力。人們也給自己找了更多事情做。不管你的老闆訂下多麼大方的休假規定，中世紀農夫的休息時間應該還是比你多。把時間花在大家其實不想做的事情上，這已經夠糟了，但比這更糟的，是我們開始爲這種愚行感到自豪。提姆・克萊德（Tim Kreider）曾爲《紐約時報》寫下經典文章〈名爲忙碌的陷阱〉（The 'Busy' Trap），幫助讀者了解這件事：「你如果生活在二十一世紀的美國，那大概聽很多人說過他們有多忙……這很顯然是僞裝成『抱怨』的『炫耀』。」我們爲了追尋其他方面的繁榮，而燒掉了最珍貴的資源：時間。就算我們所擁有的時間只會越來越少。

無論是工作還是度假，我們都忽略了減法其實能改善自己的日子。請回想一下我的團隊進行過的那項「華府一日遊」研究，受試者就像跑馬拉松一樣在一天內跑了一大堆景點，但他們大多選擇添加更多行程。我的團隊進行那項研究之前，和我們合作了一年左右的班恩，有天寄了封電子郵件給我，驕傲地宣布他如何記取了這項研究的教訓。他、嘉貝麗和兩個同事做出決定：在辦公室之間的公共區域裝設了一個所謂的「我拒絕」鈴鐺，就是在老西部片裡常見的那種三角形開飯鈴。

班恩這個人的問題，在於他很聰明，情商很高，外表看起來平易近人，就算臉上有一大叢雪白鬍鬚。這種組合意味著，班恩常常必須對一些有求於他的人說「不」。處理這些意義不大的工作，並不會讓班恩有更多時間進行更有意義的工作，像是指導學生，或者是思考樂高實驗。爲了壓抑自己「想答應每個請求，藉此展現自己能力」的本能，他送給自己一份獎勵：搖晃所謂的「我拒絕」鈴鐺。

班恩確實應該爲這個花招感到自豪，而要不是他對我的想法總是抱持著很有幫助的懷疑態度，我也許就不會提醒他一件事：說「不」並不是減法。某人搖晃「我拒絕」鈴鐺，是因爲還沒增加某個新活動，但這不等於「減少手上正在做的某個活動」。

班恩平時在指出我的邏輯瑕疵時，也會提供一些建議，而這次的案例讓我能還以顏色。我告訴班恩，他如果眞想對「生產力」進行減法，就需要準備一份「停辦清單」。我是讀了管理大師詹姆．柯林斯所著的《從 A 到 A$^+$：企業從優秀到卓越的奧祕》，而注意到這種清單的力量。

裝設「我拒絕」鈴鐺，能讓班恩決定是否在繁忙的工作量上，再添加新工作或少量工作，甚至不再增加新工作，然後每拒絕一份工作就搖晃一次鈴鐺。班恩目前的工作量，就像一條不可侵犯的底線那樣深植於他的心中，這就像我家在翻修前的室內面積，或是一條以「零」爲盡頭的數線。鈴鐺的功用只能到此爲止。我希望停辦清單能改變這種底線，提醒班恩考慮自己想給每天的行程添加什麼，以及能從中移除什麼。

但這說來容易，做來難。在一九九〇年代前半，社會學家萊斯利．佩洛（Leslie Perlow）發現了一些證據，指出很多人都無法刪減待辦事項。佩洛表示，這種失敗引發了「時間饑荒」，我們在工作或一日遊的時候會體驗到這種感受，會覺得自己有太多事要做，但時間不夠。

佩洛首先拿軟體工程師舉例。她刻意選擇這個職業，因爲她對媒體美化他們漫長工作時數的做法感到懷疑。她觀察了這類工程師在工作場合的習性：「在他們的辦公室隔間、實驗室、會議裡，以及走廊上的談話。」她和他們共進午餐，參加了他們的公司派對，和他們一起在附近的酒吧喝酒。她花了九個月的時間觀察這些人，觀察的第一天是他們拿到計畫所需的資金，觀察的最後一天是他們製作的軟體正式上市。她甚至曾和工程師們一起搭巴士，參加了兩天一夜的軟體發表會之旅。

佩洛有條不紊地觀察，結合了詳盡的訪談。她不僅訪談了這些研究對象，也訪問了他們的同事、主管和家人。

她分析資料的方式，是研究受訪對象把時間花在哪些活動上。這些活動包括個人工作、互動工作、社交工作，以及私生活；最後類別裡的活動跟工作無關，這讓佩洛得以記錄這些工程師在玩「幻想橄欖球」的時候，如何選擇球員。

佩洛詳細地記錄了這些工程師在上班時如何使用時間，發現他們的工作量確實超出時間所能負擔。她也發現受訪者有許多非做不可的事項是自己要求參與的，尤其是互動和社交活動。這些軟體工程師出席耗費時間的會議和團體午餐，不是因爲有此必要，而是因爲他們覺得若不參加就違反了社交規定。

不意外地，時間饑荒損壞了工程師在工作以外的人際關係。佩洛也發現，每個工程師都覺得這種忙碌會對團體工作成果造成損壞。時間饑荒對士氣、人際關係和公司都沒好處。

佩洛構思出如何改變這個狀況。她和這些工程師合作，指定哪些時間區塊不能用於互動或社交活動。在這些安靜時段，公司不可以舉行全員會議，也不能強迫工程師邊吃午餐邊工作。佩洛的安靜時段就是「停辦」的時段，而這實行起來並不容易。爲了說服這些工程師接受這項提議，她必須把它包裝成是「加入了」幾個安靜時間區塊。然而，佩洛提出的改變並沒有持續很久，工程師們很快地重返自我加諸的時間饑荒。

不是只有這些軟體工程師（還有班恩）掉進忙碌陷阱。美國陸軍戰爭學院曾提出一份報告，指出許多軍官都深陷其中。時間饑荒的影響力實在龐大，甚至迫使領導者們做出不誠實的行爲。

該報告指出一項令人難堪的事實：軍官們只有兩百五十六個工作天，卻得塞進兩百九十七天的必要活動。是的，你沒看錯。這些軍官根本沒辦法完成交代給他們的所有工作。他們的決定並不是「要不要走捷徑」，而是「要走哪些捷徑」。

這份陸軍戰爭學院報告指出：「陸軍這種行爲，簡直就像病態囤積狂」。正如囤積用過的便利貼和舊報紙是焦慮症和憂鬱症的症狀，囤積待辦事項也對軍官的心理健康造成損害，這迫使他們的行爲與努力贏來的軍職身分相違背。在班恩的教授身分中，「聽命行事」相對來說，是很小的層面，但他每次爲了出席某場會議而錯過另一場時，還是會感到愧疚。想像一下，這些軍官因爲被迫走捷徑而多麼煩惱，他們之所以能成爲軍官，就是因爲完成了上頭交代的每一份任務。

軍官們面對這種困境，是因爲新的待辦事項被添加的速度，遠快過舊的待辦事項被移除的速度。他們就是沒有足夠的時間來完成工作。

儘管如此，陸軍戰爭學院那份報告在結尾提出的建議是，在要求事項增加上採取克制。班恩已經因爲「採取克制」，而搖晃了那支「我拒絕」鈴鐺幾次。如果工作量超出可用的時間，光是克制是不夠的。希望改善這些軍官的狀態，就需要「停辦」。

考慮到民營企業和軍隊的狀況，你應該已經猜到政府機關也沒能採取停辦措施。《聯邦規則彙編》記載著美國所有聯邦機構訂下的規矩。在杜魯門發表那場演講的時候，《聯邦規則彙編》大約有一萬頁，但在二〇二〇年已經膨脹至超過十八萬頁，這種成長幅度會讓凱恩斯經濟論的奉行者感到驕傲。

這些規定大多都有好處。我很高興能帶以斯拉去餐館，而不用擔心他會吸進二手菸；我很高興知道《空氣清潔法案》保護了他和其他人，免於杜魯門時期那些無所不在的有害空氣汙染源。但許多過時的規定未被修剪，這造成工作量龐大的監管機關沒有足夠時間來處理眞正必要的工作。這些機關對減法的忽視，也造成能因爲削減規定而獲益的人，對他們提出批評。

歐巴馬總統在二〇一二年對全美演說時，描述他的新政權將處理「待辦事項過多」這個問題。他在國情咨文演講中說過的一番話在推特上引起轟動，引發人們對減法的關注。他說的是：「我們刪除了四十年前訂下的一條規定，它原本迫使酪農每年花一萬塊美金，證明自己能處理『洩漏』事故，就因爲牛奶在當時竟然被歸類成某種油類。既然有這種規定，那我想確實值得因爲灑了牛奶而嚎啕大哭。」（編注：crying over spilled milk，意指爲已成定局的事情傷心。）

刊登這條推文的人，原本的用意是批評歐巴馬的雙關語不合時宜，而歐巴馬在說出口的當下似乎就意識到自己說錯話。我們原諒他的雙關語，先來關注跟這件事有關的某個停辦事項。在那場演講的前一年，二〇一一年一月，歐巴馬下達了一道行政命令（13563），該命令的6b條款規定，每個聯邦機構都應該「檢討現有的重要規定，以判斷它是否該被修改、簡化、擴增或廢除，如此一來該機構的監管計畫在達成監管目標時，效率會更高或負擔會更小」。

6b條款看起來就像我們在實驗中給受試者的提示。正如我們減少了安迪網格中的減法疏忽，6b條款也提醒各機構採用減法，考慮「簡化」甚至「廢除」一些規定。監管計畫如果能變得「效率更高或負擔更小」，就能變得更好。

我們知道這條提示其實應該寫成「效率更高，而且負擔更小」，這樣就能避免人們誤以爲加法和減法彼此矛盾。但那道行政命令不是由我們撰寫，而且6b條款確實發揮了罕見又強大的效果：它造成了「停辦」。

因爲歐巴馬總統這道行政命令提醒了各機構採取減法，美國環保局因此開始注意到，「把牛奶歸類爲油類」的規定確實帶來了更多負擔而非效率。這項條款是在一九七〇年代制定，也確實避免了有害的工業汙染物進入美國境內的水源。而倚賴這些水源的酪農們很樂意貢獻一己之力，確保用過的燃料和殺蟲劑不會觸及水源。但這些農夫也一直質疑，牛奶是否眞有必要被視爲跟燃料和殺蟲劑一樣的汙染物。該行政命令促使環保局進行檢討，牛奶也因此不再被歸類成油類汙染物了。

正如環保局局長麗莎·傑克遜所說：「這個步驟能爲我國的酪農卸下重擔，爲他們省錢，並確保環保局能把心力放在更重要的環境和健康保護的議題上。」這個步驟也爲傑克遜卸下重擔；雖然她和農夫們合作、重寫了這項法案，卻多次被迫駁斥「環保局想保留這項法案」的說法，也甚至曾爲此接受國會質詢。看來灑了牛奶這種事，確實値得人們嚎啕大哭。據估計，廢除此法案不僅能省下十億美金，也能爲環保局省下無數人力，把這些資源集中在眞正有害的汙染問題上。

「停辦」雖然威力十足，許多人卻沒納入考慮。所以我要跟你說個自己最喜歡的故事，以便幫助你了解「減去某個行爲」是多麼充滿潛力。

我跟堂親奇普和喬許，彼此的出生日期差不到三個月。我們小時候常常說服各自的父母，讓三人在位於新澤西州大洋城的某一棟海濱別墅一起度假一星期。我們最後一次過暑假的時候，海邊有一座卡丁車賽道開張。

我們當時的年齡其實已經大得不適合開卡丁車，所以晚上去那裡賽車時，會做出任何青少年在開卡丁車時會做的舉動：把彼此撞向賽道旁邊的金屬護欄。起跑號誌還沒變成綠燈，我們已經高速脫離起跑線。我們無視方格旗和對我們揮手的工作人員，而是在其他已經停好車的客人旁觀下，再繞場一圈慶祝勝利。

我們被那座賽車場列入黑名單後的某個晚上，奇普提出一個建議。他在「惡作劇」上天賦異稟，以前就是他發現我們可以利用收銀檯上的「零錢取用盤」（譯

注：美國有些商店的收銀檯上會放著稱作「give-a-penny, take-a-penny」的零錢取用盤，方便客人留下懶得拿走的找零硬幣，其他客人也可以利用這些零錢來支付帳單上的瑣碎零頭），來買些能提供幾百卡路里的便宜糖果。那天晚上，他換了上衣和帽子，充分地易容、偽裝，回到卡丁車賽車場，打算最後再來一次單獨駕車。我和喬許從路邊看著他繞著賽道規規矩矩地開了兩圈。

到了第三圈，奇普開到離起跑線最遠的位置時，做出了行動：他解開安全帶，從行進中的卡丁車上一躍而起，迅速爬過賽道周圍的八呎高圍籬，跑過鄰近的停車場，消失在夜色中。

他留下的無人卡丁車在賽道上慢慢停定時，我和喬許笑得喘不過氣。在路邊看著孩子們賽車的那些家長，不確定該如何看待這個突如其來的改變。他們的神情彷彿目睹了有人裸奔。

無論是美國著名搞笑演員、脫口秀主持人克里斯．洛克準備丟麥克風，或美國知名搞笑影星克里斯．法利突然扯掉上衣，喜劇效果常常來自「始料未及」。奇普那個舉動是旁人始料未及的，而不管我這個說法夠不夠準確，但那眞的是我這輩子見過最好笑的事。

而這跟「停辦」有什麼關係？我這麼說吧，如果奇普那場巡迴賽的用意，就是對卡丁車進行大家看得見的停辦，那麼他是透過一個令人始料未及的「減法」而逗得我跟喬許笑到肚子痛，而隨著這個故事流傳於我們家族當中，也逗了四代的大家庭成員哈哈大笑。

如果你不認爲奇普那場特技表演是所謂的停辦，我也能理解，但你這下至少知道另一個能在卡丁車賽道上獲得樂趣的辦法。

3

和黑澤爾．羅斯．馬庫斯一樣，哥倫比亞大學的伊莉莎白．鄧恩的多層面之中除了教授身分之外，也有衝浪者的身分。鄧恩有次在衝浪的時候，遭到鯊魚襲擊。她從急診室出院回家後，向一名記者說自己「眞的很幸運」，因爲那條鯊魚是在她做出這輩子最精采的衝浪**後**才咬她。她這種「杯子半滿」的樂觀態度確實有道理。鄧恩沒衝浪的時候（在衝浪的時候大概也一樣），常常思索何謂快樂。她發現，我們如果忽視「停辦」，不僅無法簡化行程，也會錯過了讓自己更快樂的機會。

因爲這些研究的發現，我因此更懂得刪減待辦事項。我在這方面還有很多進步空間，因爲我父母是爲了省下五塊錢的外送費，而寧可花三十分鐘去店裡自取的那種人。

除了我受過的教育方式之外，我也面對著其他人也有的心理屏障。我們在進行加法的時候，會獲得能當作成果的實質事物，但如果刪掉一條待辦事項，行事曆上只是多出一個空格。如我們先前看到的案例，就算「停辦」不花我們任何一毛錢，大家卻還是不太願意這麼做。而「爲了省時間而花錢」，就是你必須爲其付費的一種停辦。

但事實證明，「時間」值得我們這樣投資。鄧恩安排了一項實驗（由她的學生艾希莉．威蘭斯〔Ashley Whillans〕率領），想看看她的研究團隊能從「願意爲了節省時間而花錢」的那一小群人身上發現什麼。該團隊詢問了來自北美和歐洲的六千人，問他們是否曾把錢花在一些能幫忙節省時間的服務上，例如居家清潔、維修和烹飪。投資於這種「停辦」的少數人，表示自己對人生更感到滿意。

我聽聞此發現時，第一個反應是「這完全合理」。使用這類「節省時間」服務的人，當然會覺得更滿意。畢竟有些人就是有錢，能請人幫他們煮飯、送餐。

但該團隊發現，重點不是金錢。付錢避開忙碌陷阱的富翁，通常比不這麼做的富翁更快樂。靠最低工資過活的人們也一樣；在這些人當中，願意撥出一部分貧瘠收入來改善每日行程的那些人，通常更覺得快樂。鄧恩的團隊發現，「更滿足的人生」以及「較少的待辦事項」之間，有著明確關聯。

爲了確認「花錢節省時間」**導致**「人生滿意度的提升」，該團隊進行了一項田野實驗。在該實驗中，他們請一些成年人在連續兩個週末工作，每次付這些人四十塊錢。在其中一個週末，受試者們隨機地收到一項指示：「用某種方式來使用這四十塊錢，移除行程中一個令你感到不愉快的事項。」第二個週末，受試者們收到的指示是，用這四十塊錢來取得某種實質的東西。受試者在使用金錢後的同一天，研究人員會打電話給他們，詢問他們如何使用金錢和時間，而且感覺如何。研究人員發現，花錢買到時間的受試者感受到的正面性更高，負面性更低，而且壓力更低。

對「停辦」做出投資，這能幫助我們避開時間饑荒，也就是萊斯利．佩洛那些軟體工程師和忙碌不堪的陸軍軍官碰上的同一個問題。如果時間饑荒和忙碌陷阱對我造成的威脅還不夠，我就會想起其他可能性，像是可以拿這些時間做哪些事。現在的我，更傾向於付錢請雜務工幫我掛相片、修理門廊的欄杆。部分原因是我很不擅長居家修繕，但主要原因是家庭時光非常寶貴，尤其當以斯拉希望我陪他一起騎自行車的時候。

一

把OK繃說成「膠帶」，大概就像把滑步車說成「平衡車」。滑步車是沒有踏板的迷你單車，賦予了像以斯拉這種幼兒某種獨立性；在我那個世代，我們要開始騎裝有輔助輪的自行車後，才能獲得這種獨立性。這種單車不是用鏈條和踏板驅動，而是幼兒用腳「滑」，就像卡通《摩登原始人》裡的車輛那樣驅動。

兩歲的以斯拉和我們一起度假，踩著滑步車滑過大洋城的寬廣人行道時，其實操作滑步車的經驗還不到一小時。以斯拉靠Strider滑步車去一哩外的學校上下學，如果沿一道和緩的下坡路滑下去，速度就能比我用跑得還快。而且以斯拉的能力並不特殊，他的某個堂親和某個幼兒園朋友的技術更爲高明；這群滑步車賽車手們，會帶著改裝的迷你滑步車，去裝設斜坡的賽道上玩。

滑步車讓孩子在開始騎眞正的腳踏車之前，能多獲得一、兩年的經驗。更重要的是，一旦以斯拉決定該騎「大孩子」自行車的時候，我們根本不需要幫他裝上輔助輪，因爲他已經懂得如何保持平衡，他接下來只需要學如何踩踏板，然後是如何煞車。

將近一百年來，兒童單車在市場上的定位是「兒童專屬的自行車種類」。隨著時代變遷，這種車輛也經過許多設計改變：輔助輪、更扁平的輪胎、避震懸吊和座椅、車速更快，還有某種裝置能讓這種車跟成年人的自行車接在一起。

這確實不可思議，但應該不令人驚訝，畢竟我們已經明白，設計師是過了多久才想到該拿掉踏板，這讓一個全新的年齡層能接觸雙輪車，而且他們的父母願意買單。

就像「停辦」和「時間饑荒」有著負相關，人們也很難領悟到「減法是發明之母」。而以斯拉能提早一、兩年享受雙輪車的樂趣，就是因爲竟然有人拿掉了腳踏車的踏板。

對發明了滑步車的萊恩・麥克法蘭（Ryan McFarland）來說，以及在那之前發明了空心磚的安娜・凱契琳而言，減法顯然造就出更好的產品。而且減法在當代創新中極爲罕見，因此「精簡」就算並不實用也沒關係，光是「新鮮感」就能拿來行銷。

奇普縱身跳出卡丁車的那個時代，NIKE成了價值十億美金的公司，日後將掌控球鞋市場，並成長爲世上最大的運動用品公司。我、奇普和喬許當時如果不是已經穿著NIKE的氣墊鞋（我們只穿看得見氣墊的款式），就是忙著說服各自的家長幫我們買下這種鞋子。

在那十年前的一九七七年，馬里昂・魯迪（Marion Rudy）向數十家鞋商推銷自己發明的氣墊鞋概念，但沒一家願意採用。與往常一樣，人們從直覺上並不認爲「更少」是比較好的選項。魯迪終於找上NIKE，而這家公司在當時規模很小，而且是販賣一些特定商品。據說，NIKE共同創辦人菲爾・奈特穿上一雙試作氣墊鞋跑步，很喜歡這雙鞋帶來的感受。NIKE開始向核心市場的菁英跑者推銷這種鞋子。後來，NIKE終究意識到，氣墊鞋會吸引我和我堂親這種人。

大約十年間，NIKE的減法式產品是看不見的，你只能相信鞋子裡眞的有一塊氣墊。而NIKE開始展示魯迪的設計後，產品銷量大增。經典的Air Max 1在鞋底側面開了一扇小窗，以便展示氣墊。這扇窗讓減法式設計更引人注目，而事實證明，引人注目的減法式設計有銷路。

Air Max 1的設計師汀克・哈特菲爾德回想球鞋史上這個轉捩點：「人們在找個不一樣的東西……Air Max 1的鞋底有個氣墊窗，加上周圍的色彩，讓它跟當代的鞋子相比顯得與眾不同。」

NIKE之所以獲得成功，並不只是因爲肉眼可見的「更少」（如果麥可・喬丹當年穿上的是Keds帆布鞋，那我們也願意穿）。也許鞋底那個小洞裡，眞有什麼機能性的存在。總之，哈特菲爾德所提到的那個「與眾不同」，確實發揮了效果。NIKE採用的減法，讓我們看見了前所未見的球鞋。

萊恩・麥克法蘭採用的減法，讓年紀更小的年齡層也能享受騎單車的樂趣。汀克・哈特菲爾德採用的減法產生了某種差異，讓消費者感到耳目一新又驚喜。

我不禁好奇，採用減法的創新者是不是真的很罕見。

Google 有個資料庫記載著美國境內通過的專利。這些專利承認發明者對產品、製造過程或機械做出的獨特改變，並確保無人能透過抄襲獲利。我想知道，透過電腦對專利說明書的分析，我們能否找出這種改變背後的共同點？如果某個專利說明書經常提到「添加」和「更多」之類的詞彙，這就指出此爲加法式改變，而說明書如果經常提到「減去」和「更少」，就顯示是減法式改變。

兩個人協助我把這項猜測轉變成有用的觀察，其中一位當時是博士生的凱特琳·斯騰格（Katelyn Stenger），另一位當時是大二生的克拉拉·羅（Clara Na）。凱特琳和克拉拉首先找出八個意義最接近「加法」和「減法」的同義字。接下來，在某個文字分析程式的協助下，她們掃描了專利說明書中的數十億文字，記下每個跟加法或減法有關的同義字。我們知道這種電腦工具會遺漏人類認爲屬於減法、但不屬於跟減法同義的文字。但我們能接受這點，因爲針對加法的同義字也是如此。

在其中發現的一些專利令我們非常興奮。

我們最喜歡的一個加法式案例是：

多層次／多閾值／長效GPS／GNSS原子鐘監控系統

一個亮眼的減法式案例是：

無背帶、無肩帶、有托架的胸罩

沒錯，你也注意到了，「無背帶、無肩帶」胸罩中的「托架」，反映出其創新者**同時**採用了加法和減法。

我們這些發現，揭露的不只是有趣的案例。四十年來的數位專利說明書中，加法同義字的使用次數比減法多三倍。此外，這種不平衡隨著時間而擴大。從一九七六年算起，減法詞彙的使用頻率大多沒變，但加法詞彙的使用頻率幾乎翻了一倍。而且專利的相關用字不只是反映出語言的一般用法。專利說明書中的減法同義字雖然比加法同義字更少出現，卻在報紙文章上更常出現。

如果只看這項研究，你可能會懷疑是不是加法比較容易讓人拿到專利。也許創新者並沒有忽視減法，而是覺得在說明書中多寫些「多重」這類詞，就能讓申請案更可能通過。話雖如此，專利說明書中的文字規律，確實很像我們在旅行計畫、樂高和網格題中看到的加法——這使得人們無法做出更好的改變。

4

在這些當代的加法趨勢下，也許根本的問題是，減法在資本市場上無法讓人獲利。畢竟，資本主義的一項特徵是「資本積累」，其定義就是加法。也許人們對試圖停止「減法疏忽」做出的努力都是徒勞的，因爲整個社會制度有問題。如果人們採用減法，商品製造者就無法獲利。碼頭工人兼活動家里歐・羅賓森是共產主義者。我如果減少自己的擴建屋的室內面積，就無法獲利。

然而，到目前爲止，我們看到許多減法例子能帶來積累效應，像是滑步車、空心磚，或只是令人耳目一新的產品，例如ＮＩＫＥ氣墊鞋。而蘇・比爾曼、因種族隔離制度而撤資的企業，以及像伊莉莎白・鄧恩那些願意停辦一些事項而花錢的受試者，他們都找到某個辦法來利用競爭激烈的市場，來繼續追尋我祖母那一代想要的繁榮。

現在把焦點從「明白我們爲何忽視減法」移向「我們該如何更懂得精簡」，來看看最近期的一些相關範例。

Strider 滑步車創始人和 CEO 萊恩．麥克法蘭的 Instagram 用戶名稱爲「striderdad」，顯然納入了他的另一個身分。麥克法蘭表示這種雙重身分是來自他在單車方面的靈感：「我身爲父親的一面想幫兒子獲得成功，而我身爲賽車手的一面想爲他製作一輛更好的單車。」黑澤爾．羅斯．馬庫斯一定會爲他感到驕傲。

麥克法蘭也示範了我們可以如何用另一種辦法看見減法：把注意力放在人類身上。我並不是暗指一般的發明家完全忽視了人類。只是，科技、創新者爲人類發明的東西，通常都會成爲聚光燈下的焦點。

麥克法蘭是這樣描述自己如何進行減法、找到被隱藏的精簡：

> 我在觀察單車的傳動系統時（踏板、曲柄、軸承、鏈條、齒盤），意識到大多數的重量和複雜性都是在這個區域。我在這裡停頓許久，

思索能如何減輕傳動系統的重量。

麥克法蘭接著描述他如何思考減輕傳動系統的重量：

我能不能在上頭挖洞？

我能不能拿掉什麼零件？

直到終於……我能不能乾脆拿掉傳動系統？

在這一刻之前，麥克法蘭只是想著「自行車」。然而，麥克法蘭就是想到「人類」這個因素，而發現最後這個減法題的答案是「能」。

麥克法蘭意識到，自己不是正在試著改造自行車。他面對的是一輛自行車、一個兩歲孩子，以及這兩者之間的互動。用這種方式思索了人類之後，身爲人父的麥克法蘭發現，一個兩歲孩子其實有足夠的力量驅動單車前進。麥克法蘭因爲聚焦於人類，而發現兩歲孩童本身也能提供平衡。

一般來說，孩子要到四歲左右才有足夠的力氣和協調性來踩踏板，但拿掉踏板後，兩歲孩子其實就擁有足夠的平衡力。用兩隻輪子達成平衡，這是兩歲的年齡層所擁有令人意想不到的能力。

以斯拉騎車繞著他姨婆的教會學校颼然駛過的時候，她堅持要我解釋他的滑步車背後的科技原理、爲何能自動地保持直立。人類歷史上的歷代工程師，都試著製作能像人類一樣行走、平衡的機械。就連年邁的修女們似乎也習慣於盯著主體、把一切歸功於科技，以斯拉的姨婆因此以爲滑步車本身就一定具有某種平衡力。但是這股看不見的力量，其實就在她的侄孫身上。從以斯拉騎車時嚴肅又充滿成就感的神情來看，他顯然爲此感到自豪。

正如杜魯門發表就職演講所強調的，「多多益善」是道德的，「應用科學」的美好未來也越來越受歡迎。繁榮成長就是通往美好未來之路，科技也是。發展出原子彈的曼哈頓計畫，促使第二次世界大戰結束。

杜魯門鼓勵世界各地的觀眾，把新科技應用在發展和重建。他說：「我們應該把科技知識的好處，跟熱愛和平的人民分享。」他邀請其他國家「把他們的科技資源也投入這項努力」並宣稱：「我們難以估量的科技知識資源，時時刻刻都在增長，而且用之不竭。」他甚至把他對「更多」的遠景，跟對科技的熱愛做出連結：「想提高生產力，關鍵在於更廣泛、努力地運用現代科學和科技知識。」

我完全不否認杜魯門說過的話，只要我們對科技的定義是「透過科學來做事」。如此一來，原子彈是科技，萊斯利·佩洛的安靜時段也是科技。然而，當我們誤以為科技只是製造出來的機器，就會在人類身上失焦。

當我們再次聚焦於重點時，就會發現「拿掉初學者的自行車踏板」是理所當然之事。有一天，以斯拉騎著滑步車滑過我們家門前的馬路，我在他身旁跑步，對他說：「你很幸運。我在你這個年紀的時候，我們沒有滑步車。」

他做出就事論事的回應：「你小時候沒有扳手嗎？」

我們確實有一大堆扳手。但在萊恩·麥克法蘭出現之前，沒人想到用扳手拆掉自行車的踏板。麥克法蘭率先做出這種舉動，他販賣的滑步車售價是兩百塊美金（每分錢都值回票價），從問世後至今賣出了兩百萬輛。他的非營利組織捐贈了價值數百萬美金的現金、產品和時間，讓更多孩子有滑步車可騎。沒錯，資本主義確實獎勵加法行爲，但是麥克法蘭提醒了我們，重點是加法與減法並用；減法也能帶來豐厚利潤，尤其當我們想到這些錢後面的那些人的時候。

—

無論是紀念碑、家中翻修、專利，還是我們寶貴的時間，其實背後的道理都一樣。經濟因素會強化生理和文化因素，導致我們研究中的六十名受試者當中，只有一個會想到採用減法來改善樂高結構。

加法能換來的獎勵也許深具影響力，但並不是無法扭轉，而且這些獎勵也適合減法。前文已經討論過，某些提示和觀點能促使我們更容易想到減法。我們越常想到減法，就越可能邁向精簡，我們腦子裡會有更多神經路徑受到刺激，就有更高的可能性採用減法，以此類推。

與此同時，我們的加法本能、「更多」的文化，以及成長型經濟，會讓我們能透過減法而獲得大量利益。麗莎．傑克遜的牛奶減法，是因爲一個疏於減法的立法程序而獲利。萊斯利．佩洛提議的停辦，以及奇普的半路跳車，之所以效果十足，是因爲充滿新鮮感。無論是哈林區的袖珍公園、薩凡納市的廣場，還是林瓔的越戰紀念碑，實質性減法所帶來的影響力，會被其周圍的加法性場域強化。如果其他人都在進行加法，你修練的減法一定會給你帶來好處。

我們已經明白並尊重減法所帶來的挑戰，接下來就是實際運用。

PART 2

分享精簡

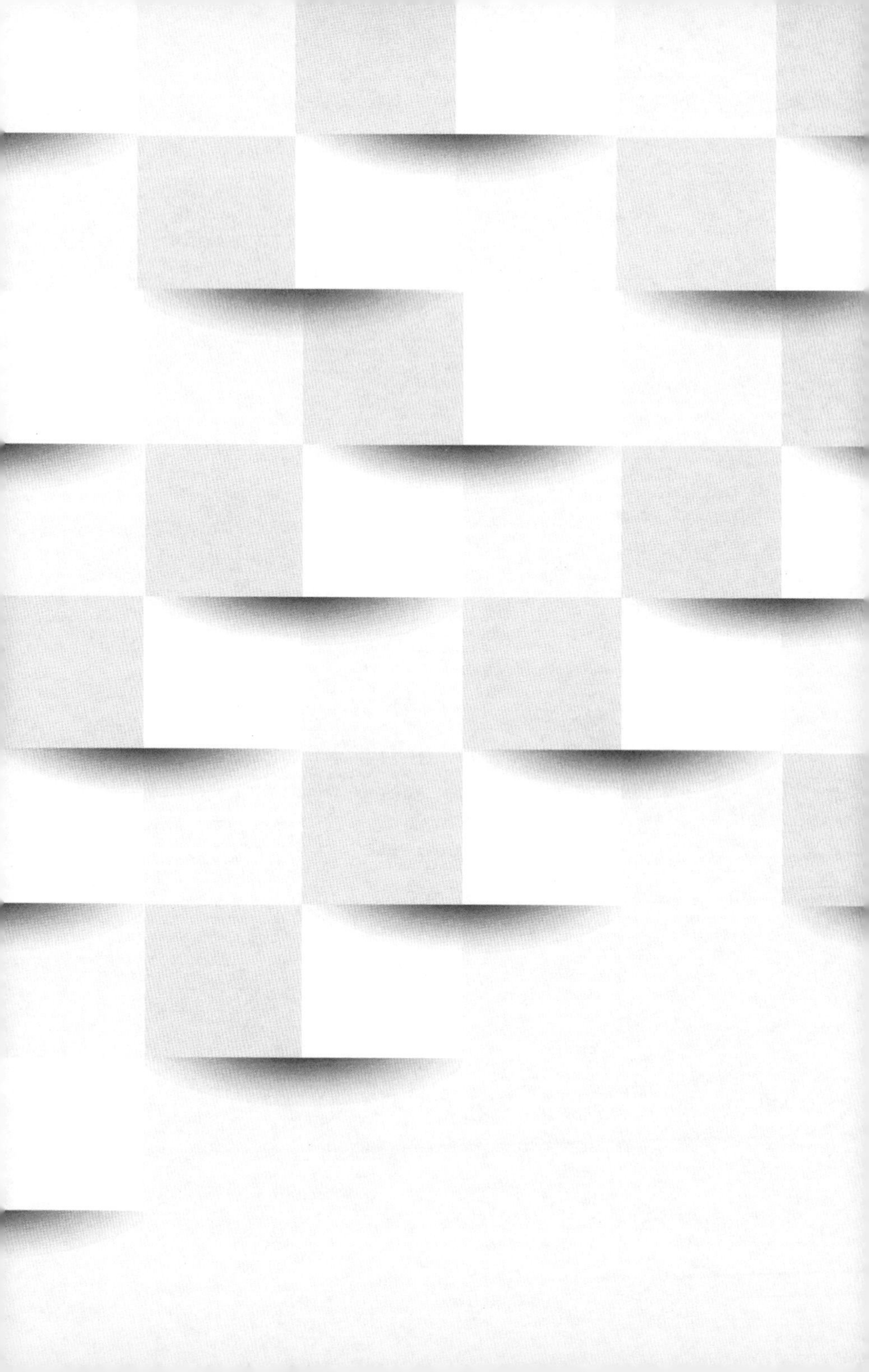

第五章

引人注目的精簡

找出並分享減法

1

「我沒空寫一封短信給你，所以寫了一封長的。」很多人把這句玩笑話歸功於馬克．吐溫，雖然沒有紀錄能證明這是他說過的話，但類似的諺語其實並不少見。那些願意承認自己寫太多字的人，是因爲知道把文字寫得精簡需要更多時間，那些人包括羅馬政治家西塞羅、科學家帕斯卡爾、散文家梭羅，以及身兼政治家、科學家與散文家身分的班傑明．富蘭克林。我最喜歡的是約翰．洛克的版本，因爲他是醫生，卻因爲質疑自己的努力而給世人帶來了啓蒙，他說過：「可是說眞的，我現在是因爲太懶或太忙而沒把文章寫得更短。」

無論是寫文章還是製造東西，無論是想法還是物體，我們都碰過某種情況：最簡單或最實際的做法，就是「見好就收」。曾獲得諾貝爾經濟學獎的赫伯特．賽門，發現很多人都有見好就收的傾向。賽門把這種傾向命名爲「滿意即可」（satisficing），這是「滿足」（satisfying）和「足夠」（sufficing）這兩個字的組合字。

賽門發現，我們採取滿意即可的心態，是因爲理論上能達成的改善其實太過困難，不值得浪費力氣，或沒這個必要。在這種案例上，「不完美的滿意即可」其實「完美地合理」。這是邁向目標的最快道路。我去買菜的時候，會買下我第一個看到裡頭沒有肉、售價不到五塊錢，也能避免以斯拉每日攝取的鹽分超過建議值的義大利麵醬。沒錯，我是可以花更多時間尋找更健康、價格更低的罐頭，但我已經離開了那個貨架，忙著決定接下來該買哪種麵條。

見好就收能避免我們浪費心力，但如果一個不小心，這種傾向也可能害我們無法採用能帶來好處的減法。這不只適用於馬克・吐溫寫的冗長信件。我們再回到初學者的單車上：一輛擁有踏板的標準型自行車，零件數量比裝有輔助輪的自行車更少，但初學者完全無法保持平衡。這是滿意即可「前」的精簡；我們就借用約翰・洛克的用詞，把這稱爲「懶惰型精簡」。擁有踏板和輔助輪的自行車已經夠好了，因爲初學者能在這輛車上保持直立。但是萊恩・麥克法蘭所設計的滑步車超越了「夠好」，能更有效地幫助初學者。令我們感興趣的是這種滿意即可

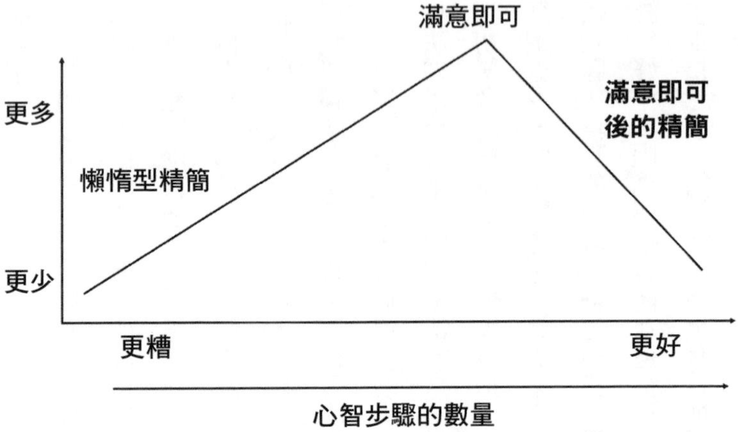

圖 8：通往「滿意即可後的精簡」的更漫長路徑。

「後」的精簡。

想達成「滿意即可後」的精簡狀態，就需要採取更多步驟。之後，我們就算努力逼自己不要見好就收，但還是會面對所有熟悉的「反精簡」力量，例如我們傾向於忽視減法、人類的加法本能，以及整個社會是建立在「多多益善」這個福音上。換言之，額外努力能帶來滿意即可後的精簡，但如果我們疏於減法，額外努力也可能帶來滿意即可後的「繁瑣」。

我們可以改變這點。我們調查了這個加法式世界，也明白了自己如何忽視減法，而且大概是富蘭克林或洛克未曾發生過的程度。擁有這番理解後，我們接下來可以尋找平衡。既然我們常常錯過進行減法的機會，那該如何找到這些機會？我們要如何說服其他人也這麼做？

一

愛德華．塔夫特（Edward Tufte）的工作是找到並分享精簡，而且從中獲利。大約二十萬人曾花錢聽塔夫特演講，而且他自行出版的五本著作賣了數百萬本。塔夫特原本是耶魯大學的政治學教授，但現在的身分是「資訊設計」大師，他結合數學、科學和平面設計而開創出這個領域。塔夫特在演講和著作中，分析高效率資訊設計的案例，歸納出一些共同原則，適用於電腦螢幕、路牌或書中圖示所表達的資訊。

憑藉著這些經過歲月考驗的「分享資訊」原則，塔夫特能幫助其他人從「見好就收」提升至「精簡」。

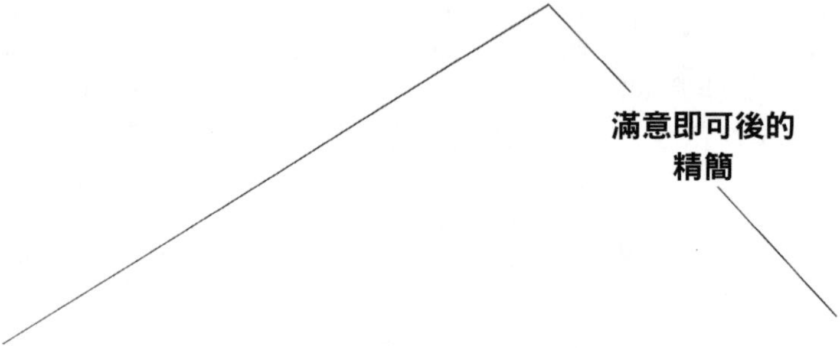

圖 9：滿意即可後的精簡：移除圖面冗餘。

塔夫特的其中一些原則，是找出加法方面的問題。他發明了「圖面冗餘」（chart junk）這個詞彙，來描述圖形設計中一些令人眼花撩亂但用處不大的標記。圖面冗餘包括平面資訊、額外的網格線條、過度強調的軸線，以及不算重要的標籤和數字。圖 9 是圖 8 的修改版，（希望）能讓你明白移除圖面冗餘能如何提升清晰度。

刪掉圖面冗餘，就能達成塔夫特一項重要的圖形目標：把「資訊墨水比」（information to ink ratio）最大化。塔夫特的這項比例觀念，方便任何人找出並修改自己的圖形設計，也鼓勵人們以更平衡的方式採用加法與減法。我們努力將資訊墨水比最大化的同時，也可以加入資訊、減少墨水，或是就像塔夫特所說的：「刪掉『無資訊墨水』。刪掉累贅的『資訊墨水』。修訂並編輯。」

我們將資訊墨水比最大化後，所分享的資訊就能發揮極高的效果，能引發令人意想不到的洞察力。塔夫特曾以林瓔的越戰紀念碑舉例；林瓔當初堅持，要按照軍人死亡日期的順序（而非姓氏的字母順序）來排列他們的名字，藉此展示這場戰爭的規模與演變，這樣也能避免在牆上刻下更多刻痕。

想寫出滿意即可後的精簡文章需要更多努力，而資訊墨水比最大化的圖示也是同樣道理。但這番努力是值得的，而這就是爲什麼塔夫特這些技巧被傳授給受訓中的設計師、藝術家和科學家，爲什麼《彭博》雜誌把塔夫特稱作「圖形界的伽利略」。塔夫特開始嘗試製作減法式的雕塑藝術後，《紐約時報》跟我一樣都認爲他是「資訊界的達文西」。

我認爲凱特·奧福（Kate Orff）是「物品界的塔夫特」。塔夫特傳授的是「滿意即可後的資訊刪減」，奧福則是展示如何在造景領域上實踐。

達到這種程度需要耗費更多的實質步驟，正如我們需要花費更多心智步驟才會想到減法。想減少某個累贅的段落，我們就需要先寫下這個段落；想拆掉哈林區一間沒人住的褐沙石房屋，就需要先有人興建這個建築。

若想讓一條河重見天日，就需要先有人蓋住它。

一八三三年的夏季，肯塔基州的萊辛頓市大約有六千名居民。到了秋季，其中有五百多人死於霍亂。很快就喪命的那些人其實很幸運，另一些罹難者則是經歷了數日的痛苦掙扎，他們的大腦知道自己的身體正在脫水。屍體累積的速度，超過可以被掩埋的速度。成了孤兒的孩子們在街頭流浪，乞求食物。

和許多城市一樣，萊辛頓市也是倚賴一條河川而得以成長。這條名爲「城枝溪」（The Town Branch Creek）的河川賦予了這座城市生命，提供了能用於飲用、灌溉和驅動水車的穩定水源。然而，城枝溪在氾濫後混入了茅房的人類排泄物，以及四處走動的豬和牛的排泄物。因爲萊辛頓市的地質是多孔石灰岩，地面汙水因此滲進地下水，也就是城中的井水來源。如果城枝溪一開始沒有在城中氾濫，萊辛頓市就能免於霍亂之災。

人們因此開始試著控制城枝溪在萊辛頓市中的流向。他們挖鑿並強化了一些水道，以引導水流的方向，並避免氾濫。他們也逐漸用諸多建築、工廠和道路蓋住城枝溪。在這條水道依然露天的幾個地點，看起來就跟排水溝沒什麼兩樣。

萊辛頓市邁入二十一世紀時就是這種狀況，城中人口逼近三十萬人，領導層尋求辦法來改善市中心。他們在二〇一三年舉行了設計比賽，豐厚的獎金和能獲得的吸引了許多專精於「城市復興」的設計公司投稿。

令人意外的是，獲選的是凱特．奧福（Kate Orff）的小公司「SCAPE」。奧福及其公司因爲改造萊辛頓市的方式而變得引人注目。

奧福爲萊辛頓市提出的計畫是「城枝公共區」，這個公共空間是指城枝溪穿過市中心的其中兩哩區段。就像霍亂災後的其他措施，奧福這項計畫能控制河水氾濫，甚至過濾城枝溪的河水。這項計畫能提供綠地，以及一條多功能路徑，從萊辛頓市中心通往鄰近的「賽馬之鄉」觀光景點。乾淨的河流將穿過人造池和石灰岩中的水孔，重返市中心。

奧福的工作，就是「滿意即可後的精簡」的案例。萊辛頓市的居民當年採用「見好就收」策略，爲了控制城枝溪而設置了下水道和渠道，然後用馬路和建築蓋住這條河。其他地方也有類似的案例：米內塔河（Minetta Brook）如今依然隱藏於格林威治村的街道底下，就在哈林區的利爾兄弟公園南方幾哩處。伊斯萊斯河（Islais Creek）也隱藏在蘇・比爾曼住過的舊金山地底。給這些水道加蓋，不僅改善了衛生，也產生了有價值的地皮。雖然這麼做造成了一些意料之外的後果，像是動物棲息地受到影響，以及下游氾濫，但也確實避免了霍亂之災，帶來了滿意即可的成果。

然而，爲了改善二十一世紀的萊辛頓市，奧福的計畫同時採用了加法和減法。爲了創造多功能路徑，她移除了水泥。爲了製作人造池和水孔，她挖鑿了石灰岩。透過減法，奧福的設計不僅僅達成了期望，避免市中心淹水，也超越並重設了期望，讓人們得以重新接觸大地和河流。

跟繁榮的萊辛頓市相比，城枝公共區看起來更貼近大自然，而且較少人工氣息。位於公共區西側的新公園，看起來就像萊辛頓市之中的綠洲，如同紐約中央公園的那種地位。這片吸引市中心民眾的迂迴綠地，簡直就像薩凡納市廣場般從一開始就精心設計而成的。但這些看似「懶惰型精簡」的空間，其實是減法的產物。這種精簡是來自凱特·奧福的遠見和努力。

想達成「滿意即可後的精簡」，奧福及其團隊必須付出更多努力。他們必須考慮管線、管道、水泥與所有用於控制水流的務實老方法。他們也一定要能看見「場域」，也務必考量萊辛頓市的獨特石灰岩地質、藍草鄉村環境，而且像萊恩·麥克法蘭那樣思量到人類，包括這座城市裡現在與未來的居民。爲了把這些因素都納入考量，奧福確實犧牲了短期獲利。對專業設計師來說，爲了設計比賽而做出更多努力，就意味著花更多時間工作但拿不到錢。然而，我在選購義大利麵醬這方面雖然適合「見好就收」，但凱特·奧福的萊辛頓市不能接受這種做法。

她投入的額外思考並沒有白費。人們爲奧福的獲獎設計提供建設資金時，「滿意即可後的精簡」確實帶來成果。這項計畫很快地吸引了超過兩千萬美金的聯邦資金，來自肯塔基州的七百萬美金，以及來自地方機構的一千兩百萬美金。資金到位後，萊辛頓市的實質改造在二〇二〇年初開始進行。

奧福本人，以及她的公司，這下變得大受歡迎。她贏得了萊辛頓市的設計比賽後，爲布魯克林設計了一條海濱綠道，拆除了一些道路，修復了天然渠道，保護紐約居民不受下一場超級風暴侵擾。在加州的灣區，奧福「解鎖」了阿拉米達溪，拆掉人造屏障，讓這條河能再一次把沉積物帶去滋養潮灘生態系統。

想達成「滿意即可後的精簡」，前提常常是有人已經進行了加法，無論是引導一條河，計畫一場爭辯，或讓一幅圖變得複雜。我們必須明白自己不是從零開始，因爲「先採用加法」會產生思想上的障礙。當我們看見某種成果已經達成時，通常就會見好就收。這種成果內容一定是出於某種必要性，不然就是「重新設計」會耗費太多心力。就像無數的滿意即可主義者會說的：如果東西沒壞，就別修它。「先採用加法」也足以讓約翰·洛克變得懶惰，因爲想達成精簡狀態就需要付出努力。

2

邁向精簡狀態只是第一階段。我們也需要其他人注意到自己達成的「滿意即可後的精簡」。我們需要讓觀眾、客戶和親友明白自身有了更好的變化。正是因爲「可見度」，凱特・奧福才能透過「提議**拆除**萊辛頓市中心某個基礎設施」而贏得一場設計比賽。「可見的精簡」是指，你能製作出塔夫特風格的簡約幻燈片，但你的觀眾看了不會覺得你很懶惰。

優秀的寫作能力就能闡述這條原則。許多專家、範例和研究都指出同樣的發現：客觀來說，精簡確實比較好。吐溫（大概）承認這點，在他之前的歷代作家大概也是如此。這就是爲什麼海明威承認，他經常試著刪減短篇故事裡的部分內容，因爲「從理論上來說，你省略的任何部分，其實能強化整體的故事」。丹尼爾・歐本海默（Daniel Oppenheimer）在所著的《運用不必要的博學行話的後果：使用不必要的冗長字句有哪些問題》（*Consequences of Erudite Vernacular Utilized*

Irrespective of Necessity: Problems with Using Long Words Needlessly.）中表示，自己的研究發現也揭示了「更少乃更好」。想唸完大學就不可能不看書，而《英文寫作指南》（*Strunk and White*）應該就是指定刊物之一。威廉·史傳克整理了自己幾十年教授英文的經驗，寫出這本寫作指南，而他昔日的學士學生懷特在一九五九年更新了這本書。新版書名稱作《英文寫作聖經》，目前依然是大學課程中最常被指定的書籍。

《英文寫作指南》中最著名的建議，是直率地提醒讀者採用減法：「省略不必要的文字。」

考慮到上述的傳統智慧，嘉貝麗、班恩、安迪和我都覺得可以透過寫作來觀察人們如何採用減法。可惜的是，我們的受試者們無論在編輯自己或別人所寫出的摘要時，大多傾向於採用加法。他們似乎並沒有把《英文寫作指南》的教導牢記於心。

又或許，受試者其實知道哪些做法最好，但認定施測者不會注意到哪些部分被省略。研究發現，一般人會認為一個論點的長度能代表其品質。也許我們的受試者們曾聽說，在答案卷上寫下較長的答覆，一定能拿到更高的分數。我們被提醒：雖然客觀來說，更簡潔的文章會更好，但眞正重要的是你的觀眾如何反應。

我爲了擴建家中而舉辦的那場設計比賽中，其中一名參賽的學生名叫寇特妮。大約兩年後，她申請就讀碩士班，還讓我看了申請書上的一個題目，她知道我一定會覺得很有趣。哈佛設計研究院提出的一個疑問是：

你對「少即多」這句許多領域都有的格言有何感想？（三百字）

令我在意的，是這個疑問句在結尾所寫下的規定作答字數。這三百字是指寇特妮最多只能寫三百字？還是最少必須寫三百字？還是這是理想字數？寫下這個題目的人，是帶著諷刺心態針對一個關於「少即多」的問題，提出數量要求？

想挑哈佛大學的毛病是很有趣，但世界各地的教師都鼓勵我們採用加法。歷史教授規定一篇論文作業必須「至少有十頁」。數學老師會因爲你「沒寫出解題過程」而扣你分。甚至就算老師沒要求「更多」，我們還是會主動提供。我們常常在作業、設計或計算過程中保留某個部分，不是因爲它能改善整體成果，而是因爲想讓人看見自己付出的努力。

寇特妮如果交出遠遠不到三百字的作答，就表示她壓抑了大腦裡的進化本能：想展現能力，希望向人們證明她能塑造自己的世界。更重要的是，她應該能認定其他申請人寫下的字數大概都在三百左右。畢竟三百字是看得見的證據，能證明你投入了時間和心思。不會有人把冗長的答覆誤認爲懶惰型精簡。但是寇特妮下定了決心，把自己的能力賭在由十五個英文字組成的日式俳句上：

被拆掉的牆，或打開的門，意義深遠矣。

無論是在學校還是工作場合，「提供更多」都會讓我們感到安心。透過流線型的新建築、更寬的道路，以及裝設於這兩者當中、用於蒐集數據的小型電腦，來建設未來的萊辛頓市，這能讓出資者相信「聘請專家」是聰明決定。凱特・奧福採用減法來襯托出萊辛頓市的自然美景時，是冒了讓自己顯得做事不夠仔細的風險。她投入了更多努力，能拿出來的「可見」成果卻比較少。

那麼，你如果逼自己超越滿意即可，但人們卻沒有對你獲得的精簡做出反應，那你該怎麼辦？你要怎樣讓人們無法否認自己看不見的東西？你要如何減少字數，卻還能讓粉絲和評論家拍手叫好？

有「新澤西的海明威」外號的歌手布魯斯・史普林斯汀，說自己的專輯《城鎮邊緣的黑暗》是他的「武士唱片，爲了戰鬥而去蕪存菁」。別忘了，想「去蕪存菁」，意思就是原本有「蕪」的存在，無論是搖滾歌曲、繁榮城市，還是圖面冗餘的圖案。

爲了傳達與專輯同名之歌的歌詞，史普林斯汀刪減了文字。他在之前的專輯中也清楚證明了自己懂得減少文字。史普林斯汀的第一張專輯《來自艾斯柏利公園的祝福》的第一首歌〈炫目之光〉的第一句歌詞是：「夏季的瘋狂鼓手、壞蛋和印地安人，和一個少年外交官。」

跟這些冗長歌詞相比，《城鎮邊緣的黑暗》專輯裡的歌曲〈街道狂飆〉（這是以斯拉的搖籃曲）的第一句歌詞是：「我有輛三九六型引擎的六九年雪弗蘭。」

史普林斯汀的《城鎮邊緣的黑暗》專輯的歌詞長度不僅減少，他也刪掉了不必要的文字。平均來說，這張專輯的每首歌有兩百二十五個字，遠少過他之前的專輯歌詞字數。

《城鎮邊緣的黑暗》也刪減了樂器演奏的部分。史普林斯汀在自傳中解釋：「鼓聲如果強大但適中，就有空間容納強勁的吉他聲。吉他聲如果強勁但精簡，鼓聲就能變得像房子那樣渾厚。」

《城鎮邊緣的黑暗》中的每一首歌不僅都傳達了精簡，這張專輯整體也傳達出無所不在的減法。史普林斯汀刪掉了五十多首錄好的歌曲，只留下十首。他刪掉的一些歌曲，成了其他歌手的暢銷曲：佩蒂・史密斯靠著〈因爲這一夜〉而在排行榜上拿下第十三名。蓋瑞・邦茲（Gary U.S. Bonds）靠〈這個小女孩〉拿到第十一名。指針姊妹合唱團靠〈熱情如火〉拿到第二名。他不只是有膽量從自己的武士唱片裡刪掉那些暢銷歌曲，而且當他這麼做的時候，自己的歌曲成績其實都還未曾進入過排行榜的前二十名。

史普林斯汀犧牲了歌詞、聲音和歌曲。但因爲堅持採用減法，其精簡因此變得引人注目。以苛刻聞名的搖滾樂評論家戴夫·馬胥（Dave Marsh），在《滾石》雜誌中說《城鎮邊緣的黑暗》「絕對是突破性之作」，這張專輯「徹底改變了我們聆聽搖滾樂、錄製，以及播放方式」。該專輯被知名的《新音樂快遞》雜誌選爲一九七八年的最佳專輯，至今也是所有重要搖滾樂排行榜上的最佳專輯之一。這種去蕪存菁的美學也激發了各種風格的搖滾樂，包括代表油漬搖滾風潮的珍珠果醬樂團、另類搖滾的討伐體制樂團，以及新浪潮搖滾的殺手樂團。

你就算不是搖滾樂手或評論家，也能欣賞史普林斯汀的武士唱片。我還沒完全搞懂《城鎮邊緣的黑暗》爲何特殊之前，就已經知道它很特別，而且許多粉絲也同意。該專輯帶來了一百一十五場巡迴演出，史普林斯汀終於得以還清債務，而且從此賣出數以千萬計的專輯和門票。今天的他雖然名下有三百多首作品，但他的現場演出至少會涵蓋《城鎮邊緣的黑暗》專輯裡一半的作品（大概包括〈廢土〉〈應許之地〉〈徹夜證明〉，以及與專輯同名的歌曲。你如果夠幸運，說不定能聽到以斯拉的搖籃曲）。

和史普林斯汀一樣，林瓔也堅持於「可見的精簡」，在一千四百多名參賽者的作品中脫穎而出。凱特・奧福也堅持下去，持續改善複雜的人造池和水孔系統，給萊辛頓市中心帶來看得見的美景。

二〇一七年，麥克阿瑟基金會頒發了名副其實的「天才獎」給奧福，承認她的傑出創意，並表示她「跨越了傳統造景建築的界線」。史普林斯汀堅持採用減法，因此徹底改變了我們如何聆聽搖滾樂。奧福的「可見的精簡」超越了領域的限制。只要做出足夠的減法，被刪去的部分就遲早能成爲故事。

一

我對可見的精簡所做的嘗試之一，就呈現在英文原書的封面上。我希望那條向下的斜線能提醒你，堅持下去的減法能把自己從「滿意即可」一路帶向「可見的精簡」。因爲這個設計主要是一位專業封面設計師的功勞，因此我也希望它能提醒你，可見的精簡通常需要你尋求幫助。

取得第二意見，這麼做並沒有什麼好丟臉的。我們在創造東西時，無論是在

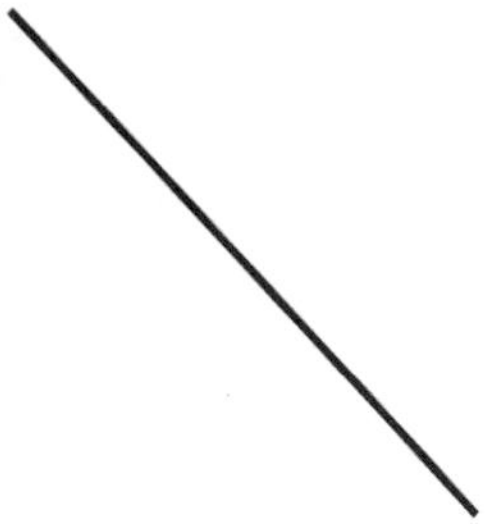

圖 10：可見的精簡（在某位編輯的協助下）。

石灰岩裡挖出水孔、錄製《城鎮邊緣的黑暗》專輯的歌曲，還是寫文章，都會很自然地跟自己的成果產生感情。就算我們之前的工作成果跟目前的決策無關，但刪除它還是會讓自己覺得浪費了先前的努力。這就是爲什麼，我的團隊請受試者改善自己的——而非他人的——文章時，受試者都會更不願意刪掉文字。寇特妮敢寫俳句寄回去給哈佛大學，這種人其實很罕見。

我們每個人都能透過求助而獲益，理想的求助對象是跟自己先前的工作成果沒多少關係的人，而且他們的職業最好就是擅長找到精簡。海明威曾與編輯麥克斯威爾·柏金斯（Max Perkins）合作，而其他曾和這位編輯合作的傑出作家包括法蘭西斯·史考特·費茲傑羅、湯瑪斯・沃爾夫，以及瑪喬麗・金男・勞林斯。《英文寫作指南》的兩位作者合作成功，是因爲懷特是編輯。

我們花錢買來看的書，大多獲益於編輯們能找出讀者自己找不到的精簡。我就算仔細檢查過這本書裡的每個字，但編輯看到的版本字數，比你看到的成品多出數萬字。我可以向你保證，你的閱讀體驗會比較好，這是因爲我尋求了幫助。

3

當我的團隊了解了我們早期研究中的加法後，我說服了十幾個學生參加我第一個版本的減法課程。開課的第一天，我大略介紹了這個課程，然後說明這些先驅學生將學到什麼。我先提出一個範例：萊恩．麥克法蘭，以及腳踏車其實早該爲了幼兒而拿掉踏板。爲了指出許多情況都忽視了減法，我展示了樂高、安迪的網格，以及專利等案例的重要之處。接下來，我說明這種行爲背後的幾個重疊因素，例如我們的本能就是採取加法，並展示我們最近達成的「多多益善」。但我說明課程方向還不到五分鐘的時候，某個學生舉手。我請這位名叫莎菈的學生發言，她提出了在場同學們都有的疑問：

「你的意思是，有點像近藤麻理惠？」

我最近得知這位整理大師非常有名。包括莎菈在內的一些人，很早就成了近藤的粉絲。這些虔誠信徒把廚房維持得乾淨整齊，把爲數不多的T恤用捲起而非摺疊的方式收納，正如近藤在所著的《怦然心動的人生整理魔法》一書中所建議的。而另一些人，則是在她出書後在Netflix上把她的影片一口氣看完。莫妮卡就是屬於第二種粉絲，這就是爲什麼我們的衣櫃整理得有條不紊。

而第三種人，是不情願地承認聽說過近藤，但宣稱沒看過她的書或節目。這些人，尤其當中的教授，傾向於抗拒任何型態的「處方式自救」，尤其如果它們缺乏科學證據。

我雖然向來執著於精簡，但在跟嘉貝麗、班恩和安迪一起做研究的時候，還是抱持著「近藤懂什麼」的態度。但是莎菈提出的疑問，說服我決定親自看看近藤想要告訴我們什麼。

事實證明，近藤的節目不僅給我帶來喜悅，她的居家整理建議也具有充分的科學原理。她的教導並不是源自研究成果，也完全沒有現代科學所擁有的那種系統性規定和控制。近藤在這方面也沒欺騙大家。她的語調、觀察和建議都充滿精神層面。但透過某個特定情況中的反覆試驗，近藤提出了符合科學證據的建議。近藤說出的一些妙語，例如「想找出我們究竟需要什麼，最好的辦法就是丟掉自己不需要的東西」，提醒了她的信徒們把「保留東西」和「丟掉東西」視爲自我改善的互補方式。《怦然心動的人生整理魔法》中有一整個章節，詳細描述她如何堅持用「強烈又完整」的方式丟掉東西，而且列出「達成顯著精簡」的每個步驟。對我來說，近藤最珍貴的一句教導是，「整理好你的物理空間，就能照顧到自己的心理空間」，這種連結想法和物品的方式會讓愛默生微笑。

以上就是我如何解讀近藤的教導。你也許不同意，但也沒關係。她給我們最寶貴的教導，是她如何促使人們做更多事，並減少身外之物的數量。

近藤的訊息獨特又強大之處在於，她向來強調「怦然心動」。一般的居家整理建議，是丟掉你不想要或不適合自己的東西，但近藤推翻了這個邏輯，而是專注在我們人類身上。她說我們應該保留能怦然心動的東西，丟掉沒有這種效果的所有東西。我們家裡有很多 T 恤、廚房用具和樂高積木，我們永遠不會考慮丟掉它們，但這些東西確實不會給我們帶來眞正的喜悅。近藤在這方面有所堅持。

如果某個東西無法令你怦然心動，那你就該讓它離開自己的人生。

近藤的「怦然心動」口號引發許多人的共鳴，因此成了某種社會運動，也（無可避免地）成了網路迷因。它也當然成了她下一本書的書名。想堅持採用減法，並說服其他人加入這個行列，一個很有幫助的辦法就是「讓這個過程充滿樂趣」。

—

樂趣未必簡單容易。事實上，減法的挑戰能帶來豐碩獎勵。

以斯拉還是嬰兒的時候，我們在給他換尿布的位置上方，掛了一個會轉動的魚兒布偶吊掛玩具。以斯拉每次換尿布都會哭，直到我們在讓他躺下前，先拍拍那條魚。他會因此被轉移注意，停止哭泣，興奮地和魚搖擺的動作同步地揮動自己的四肢。他越長越大後，自己終於能碰到那條魚。後來，他甚至能抓住那條魚。在某次難忘的換尿布過程中，以斯拉直接從轉盤上扯掉他最喜歡的橘色魚兒。

如果以斯拉出生後的一年間有哪件事最讓我難忘，應該就是他扯掉那條橘魚後的表情。他當時的表情不是「快稱讚我，快拍照」，而是「我很認眞，也很有能力」，這種表情也會出現他在騎單車、堆樂高和練習忍術的時候。

我興高采烈地看著以斯拉高舉他的魚夥伴，但他沒向我尋求肯定。他這時候的神情，簡直就像全世界只有自己一個人。他用全新的方式向自己證明了，他能改變這個世界。

我們向其他人展示自己有能力對這個世界做出改變，這就是炫耀能力。我們向**自己**展示有能力對這個世界做出改變，這叫做「自我效能」（self-efficacy）。自我效能是相信自己有能力塑造自己的動機、行爲和環境。我們如果擁有很高的自我效能，就會相信自己能改變想法和事物。如果自我效能很低，我們就會覺得情況超出自己的控制，而既然如此，我們又何必拉扯那條橘魚，坐上 Strider 滑步車，或試圖把事物改變成我們期望的狀態？

我越常看到以斯拉出現自我效能的表情，就越確定某個（苦樂參半的）時期遲早會到來，以斯拉到時候不再需要倚賴我和莫妮卡來改善自己的情況，而是他會爲自己和他人做出改善。如果夠幸運，以斯拉會在這個過程中找到喜悅。

堅守改善過程的那些人所能獲得的獎勵，是此過程能帶來學者們所謂的「心流狀態」（flow）。你全然投入某個過程，結果根本沒注意到時間的流動，這就表示你進入了心流狀態，然後卻突然發現遊戲只剩一分鐘，播唱片的DJ宣布接下來是最後一首歌，或是你來到了組裝樂高城堡的最後步驟。

心理學家米哈里．契克森米哈伊在所著的權威書籍《生命的心流：追求忘我專注的圓融生活》中，列出深具說服力的案例，說明這種心理狀態象徵一種「最佳心理體驗」。他表示，如果某個挑戰符合我們的能力，這種狀態就會產生。如果讓高中足球員跟以斯拉的幼兒園足球隊「紫紅雄獅」對決，前者並不會覺得這是挑戰。但如果讓他們參加職業比賽，他們會因爲不知所措而無法進入心流狀態。想找到心流狀態，我們需要挑戰自己的極限，但不能白費力氣。

讓我們回到減法上：懶惰型精簡不是挑戰，所以無法激發心流狀態。懶惰型精簡無法造成改變。

採用加法來達成「夠好了」狀態，這種挑戰性會稍微高一點。但是「滿意即可」的定義，不是考驗改變的極限，或我們能做出改變的能力。「夠好了」狀態無法帶來心流狀態。

我們只有在超越「夠好了」狀態的時候，心流狀態才會發生。的確，「滿意即可後的加法」也能帶來心流狀態。但在這方面，減法可能稍稍處於劣勢。想明白這個道理，可以想想作家史蒂芬·金說過的一句話：「凡人都會寫作，只有聖人才會編輯。」也可以想想林瓔那番類似史普林斯汀的話：「我的目標是去蕪存菁……我喜歡進行編輯。」

添加一句值得加入的句子，可能是極爲龐大的挑戰，畢竟文字組合的方式有無限可能。我們的標準越高，挑戰就越可能超出能力範圍，我們就會覺得自己像跑去參加職業比賽的高中足球員。「文思枯竭」當然不是心流狀態。相反的，如果我們思索如何從已經寫下的文字裡刪掉一些東西，心智搜索就會局限於已經存在的東西。可能性的數量雖然還是很大，但至少就在我們眼前的螢幕或紙上。刪除一些文字來改變既有的東西，這也許不是我們的第一本能。但是「編輯」這項挑戰符合我們的能力，而且這種挑戰可能具有神聖性。

這表示我們的減法模範，在追尋改變的過程中似乎都找到了樂趣。史普林斯汀寫歌、唱歌已經六十多年，他說自己當歌手前的最後一份工作是在十五歲那年幫人割草。奧福是哥倫比亞大學的終身教授，她就算明天關掉自己的 SCAPE 公司，也能繼續滿足家人的經濟需求。近藤踏上 Netflix 之旅的時候，已經透過著作而賺進數百萬美金。塔夫特的政治學生涯也讓他衣食無缺；他花了十年探索這個乏人問津的學術領域，沒拿出什麼「看得見」的東西。出版社對他這個政治學家寫的資訊設計書籍不感興趣，他因此用房子借了錢，就爲了把他的「資訊墨水比」觀念分享給用得到的人。對近藤、史普林斯汀、奧福和塔夫特來說，外在獎勵比不上能帶來喜悅的心流狀態。

4

如果「怦然心動」和「追求心流」對你或你的觀眾來說太肉麻，有個較爲內斂的方式能讓你推銷自己的減法方式：予以扭轉。

想明白這種做法，我們需要明白「減法」這個觀念有著「負效價」（negative valence）。「效價」這個字用在化學稱爲「化合價」，是指一個元素力量未必是你觀察得到的，但能幫忙解釋某些元素的行爲。在一九三〇年代，心理學家庫爾特·勒溫借用了這種「看不見但有影響力的力量」的觀念，來解釋人類行爲。勒溫對心理效價的定義，是某個事件、物品或者想法擁有什麼內在吸引性（正效價）或嫌惡性（負效價）。和化學一樣，效價這個概念如今也成了心理學中一個有用的觀念。

一項近期的應用，是評估每個詞彙的效價，好讓電腦能以更接近人類的思考方式判讀文字。判斷文字效價的辦法是，請數千名受試者把數千個單字分類成

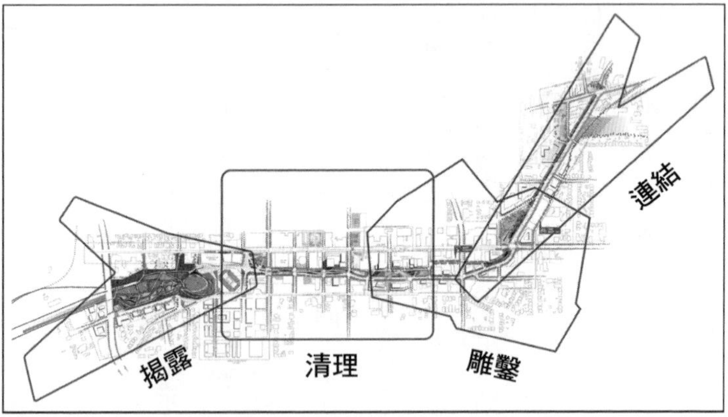

圖 11：凱特 · 奧福的正效價動詞。

「正面」「負面」和「中性」。所有答覆經過平均計算後，大多數的文字都是中性。出現負效價的機率不到五分之一，而就連「少」（less）這個字也擁有中性效價。但你大概已經猜到了，「減」（subtract）這個字被視爲負面。

你光是閱讀這本書，就已經改變了自己對「減法」的個人效價。但你該如何影響自己的顧客、觀眾和朋友？如果運氣夠好，這本書裡的諸多想法，能以某種程度滲透文化，對讀者形成正效價（或至少中性效價）的影響。但在那能成眞之前，「扭轉減法」是條捷徑，能讓你試著讓其他人分享你對減法的欣賞。

凱特．奧福使用了四個動詞，來描述她對萊辛頓市進行的獲獎設計。這些動詞在奧福的繪圖上是以最大的字體呈現（如圖11），並用來歸類該設計的文字描述。這些動詞當中沒一個寫著「減去」，但其中三個有類似的意思。

奧福用「揭露」（reveal）一詞來描述位於萊辛頓市最西側的改變，也就是城枝公園。這裡的城枝溪區段是暴露於天空之下，新的開放式空間對周圍的藍草區域做出「呼應」。

「清理」（clean）指的是城枝公園東側的變化。在這一處的市中心，重點不是移除人行道和減少車道，而是一連串的濾水花園「所形成的寬廣街景」。

在市中心的東側，奧福選擇「雕鑿」（carve）來進行改變。停車場被減去，改造成廣場；池塘四散其中，鑿於石灰岩的水孔能讓人看見底下的水流。（奧福使用的第四個動詞是「連結」（connect），用來描述市中心公共區和另一條路徑系統之間的聯繫。）

相關設計圖數量龐大，但是奧福似乎知道文字很重要，它們的效價會影響觀眾的感受。事實證明，在減法（或揭露）這方面，這些效價的影響力尤其深遠。

一九七九年，赫伯特．賽門因爲證明人們喜歡「見好就收」，因此獲頒諾貝爾獎的幾個月後，阿莫斯．特沃斯基和丹尼爾．康納曼發表了一篇論文，描述跟我們「沒有」的東西相比，人們其實更看重「擁有」的東西。特沃斯基和康納曼發現，你如果弄丟了一百塊錢，這種失望的感受會比「獲得一百塊錢所帶來的滿足感」更強烈。他們把這項發現稱作「損失厭惡」（loss aversion），意思是人對「損失東西」的反應會比「獲得東西」的反應更強烈。損失厭惡理論獲得了許多該有的關注，也常常被視爲行爲經濟學的重要證據。賽門對經濟學想法提出的修改，也獲得了其他學者的證實，例如二〇〇二年的諾貝爾獎得主康納曼在其暢銷著作《快思慢想》中所論述的，以及麥可．路易士所著的《橡皮擦計畫》描述康納曼和特沃斯基的想法帶來了什麼改變。

康納曼使用了別出心裁的簡單實驗，來研究我們看待「獲得」和「損失」的方式有何不同。我也在自己的課堂上，複製了他這項實驗的某些內容。

最簡單版本的實驗，是將一個擁有某些價值的實質物體隨機分發給一半的學生，像是印有大學標誌的咖啡杯（原版實驗就是使用這種東西）；如果你不想拿著咖啡杯從書店走去課堂，也可以換成鉛筆。

參與實驗的學生當中有一半拿到鉛筆後，我請他們寫下賣掉這東西的最低價。同時，我請沒拿到鉛筆的學生寫下他們願意買下鉛筆的最高價。結果平均來說，賣方的出價比買方的出價高了一倍。因爲這兩群學生間唯一的區別是，有沒有拿到鉛筆，所以這必定能解釋這兩群人對「鉛筆的價值」的判定差異。

類似的損失厭惡行爲，也出現在其他物品和族群當中（包括捲尾猴）。腦部顯影也證實，「損失」和「獲得」刺激的腦部區域各不相同。

賣方利用的是人類的損失厭惡心理。汽車推銷員力勸我們接受「沒有任何附加條件」的試駕機會，因爲我們越是覺得自己擁有這輛車，就會判定它有越高的價值。亞馬遜購物網站讓我能在一年內擁有無限次數的「兩天到貨」服務。我當初付年費並非爲了得到這個服務，但現在繼續付就是爲了不失去這個服務。

在我們討論過的一些案例中，也能看到同樣的損失厭惡心理：舊金山居民擁有安巴卡德洛濱海大道的時候，把它看得比海濱美景更重要。而舊金山居民現在擁有海濱美景後，就會想保留它。

損失厭惡是強大、廣泛，而且知名的心態，但應該無法解釋我們爲何忽視減法。我們追尋的減法是一種改善方式，而改善並不是「損失」，就算是透過「減少」而到來。

「減少」並不是「損失」。但爲了避免任何誤解，我們可以扭轉減法，就像奧福當年的做法。

她使用的「揭露」「清理」和「雕鑿」這些動詞，是比「減少」更溫和的選項。這些詞彙不會引發負效價心理，也不會啓動損失厭惡心理。如果萊辛頓市居民認爲被奧福減少的車道是損失，那麼取而代之的多用途路徑不僅客觀上必須比原本的車道更好，還必須好得能壓過「失去車道」所造成的強烈失落感。然而，如果萊辛頓市居民把「移除車道」視爲「清理」而非「減去」，所造成的失落感就會降低許多。

我開始尋找後，發現扭轉減法其實無所不在。

塔夫特並沒有叫我們在畫好的圖示上進行減法，而是挑戰我們「把資訊墨水比最大化」。

近藤也扭轉了減法。就像「學生因爲獲得鉛筆而更看重鉛筆」，近藤的「開始整理前，先看見目的地」這項建議，讓我看見一個無雜亂的生活空間，至少在我的腦海裡是這樣。在腦海裡看到這個整齊的空間後，一個令人怦然心動的樂高房間，而非我爲了達成這個目的而需要丟掉的玩具，就成了比「獲得」更重要的「損失」。

奧福的工作中到處都是扭轉減法，會讓你不僅懷疑這是不是她刻意使用的行銷手段，還是這種思索改變的方式已經成了她的直覺。我覺得這應該是潛意識行爲，但娜塔莉（我減法課上的一個學生）認爲這一定是刻意的。爲了判斷誰是對的，娜塔莉在那個學期把奧福寫的《面向都市生態》（*Toward an Urban Ecology*）看了兩次。娜塔莉掃描了書中所有用來描述設計的詞彙，將加法或減法性質的文字予以編碼，然後計算每個文字出現的頻率。

奧福在該作中大量地使用了能避開「損失厭惡」和「負效價」的詞彙。她最常用來描述改變的文字是：創造（十一次）、全新（十次）、發展（八次）、揭露（六次）、建構（六次），以及重生（六次）。然後我們才看到「減少」（出現五次）這種可能讓人產生損失或負效價心理的詞彙。

娜塔莉確認了奧福扭轉了減法，但我們還不確定這是不是奧福刻意爲之，娜塔莉因此寫了電子郵件去問本人。雖然奧福含糊其詞又聰明絕頂的答覆還是沒能解決我和學生之間的爭論，但學習奧福這套辦法準沒錯：

「我通常是這樣看待我們的計畫：從現有的東西開始著眼，然後給它加上某種程度的改變。」

第
六
章

縮放減法的比例

透過簡化來改變制度

1

發表於一九八五年的音樂影片《太陽城》（Sun City）雖然現在看來顯得滑稽，但在當時引發了人們正視制度性的種族歧視問題。這支影片一開始出現了爵士小號手邁爾士．戴維斯的獨奏，接著是一名穿著紅色比基尼的白皙女子躺在大型泳池旁抽菸，然後畫面切換成饒舌團體 Run-DMC，他們戴著招牌的紳士帽，站在一條高架鐵軌下方，唱出第一句歌詞：「我們是團結堅強的搖滾歌手和饒舌歌手。」

這首歌的第二部分開始時，佩特．班納塔出現在淡入畫面中，身穿黑衣，戴著耳機，身處錄音室，唱道：「我無法理解家庭爲何被拆散。」

不久後，喬治．克林頓以及 P-Funk 先生的成員們出現，戴著紅黃假髮的克林頓唱道：「我們的政府告訴我們，它已經盡力了。」

不可思議的是，吉米．克里夫和戴瑞．霍爾在畫面上同步齊唱，雖然克里夫是在拍攝現場，而霍爾則是以後製方式飄過，這兩人唱道：「與此同時，人們喪命，而且放棄希望。」

畫面回到街頭，杜克·布蒂（Duke Bootee）、閃耀大師和阿非利卡·班巴阿塔同聲唱著：「你沒辦法買通我，我也不在乎你出多少錢。」

最後，激昂的一刻到來，邦妮·芮特唱出「我們該接受責任了」，巴比·伍麥克唱道「我們爲何總是站錯邊」，巴布·狄倫和傑克森·布朗（背景似乎是加州某個高級區）唱「搬去虛假的家園」；唱最後一句的是波諾（當時留著山羊鬍）：「我們等於背叛了兄弟姊妹。」

這些藝術家也許會爲自己在一九八〇年代的造型感到遺憾，但絕不會爲參與這支影片感到抱歉。「太陽城」是非洲波布那共和國的一座度假村；實施種族隔離制度的南非政府宣稱，該國是黑人的「獨立家園」。在該音樂影片攝製的時間點左右，大多數的藝術家都拒絕在南非表演，但太陽城度假村成了漏洞，當地能爲奉行種族隔離制度的觀眾舉行表演。那些演藝人員不是在南非演出，而是在太陽城。

太陽城成了令民眾覺醒的代名詞，就像里歐・羅賓森拒絕爲奈德洛伊金伯利號卸貨。因爲碼頭工人們拒絕合作，那艘貨船因此成了無法否認的鐵證，證明了某個種族歧視的政權透過全球經濟活動而獲得金錢。這些音樂家戳破太陽城的表象，就等於告訴聽眾：「你爲什麼也應該停止支持種族歧視政權。」

想讓世人幫忙「減掉」制度性的種族歧視，就必須看見眞相。種族隔離制度於一九四八年實施後，南非人就一直試著抵抗。一九六〇年發生了沙佩維爾屠殺事件，警察對和平示威群眾開火，造成六十九人死亡，一百八十人受傷，外界因此更難否認當地的種族歧視問題。聯合國建議切斷對南非的軍事支援，做爲孤立此種族歧視國家的耗時手段之一。然而，沙佩維爾屠殺發生的二十五年後，種族隔離制度仍未消失。我在前言提過，最終對種族隔離制度造成（減法式）致命一擊的，是價值數兆美金的撤資行動。但想讓撤資發生，其他人就必須看見里歐・羅賓森和太陽城歌手們試圖揭露的制度。

在這一章，我們將著重於透過「推翻種族歧視」的範例，來說明系統性減法。其實，歷史教授伊布拉・肯迪在所著的《如何成爲反種族主義者》（*How to*

Be an Antiracist）一書中表示：「『制度性的種族歧視』這種說法很累贅，因爲種族歧視本身就是體制性、結構性，而且制度性的。」想減去種族歧視，就等於改變制度。

　　而試圖改變制度的一個挑戰，在於我們很難看見制度背後的結構，無論其是否帶有種族歧視。肯迪寫道：「我們尤其不擅長看見給人們帶來苦難的那些政策。」想減去安巴卡德洛濱海大道就已經夠困難了，況且該案例當時就在人們眼前，擋住沿岸景觀。相反的，想移除通往社會正義的屏障，光是找出哪些街坊實施「紅線制度」就需要記者進行調查。

　　想進行減法，就需要「看得見」制度。我們有時候會盲目地添加「好東西」，卻不眞正地明白這些好東西之間的關聯。但想剷除任何「壞東西」，我們必須先看見並承認它的存在。人類的祖先在創立第一批城市、機構和政策的時候，不用擔心「如何處理現有的東西」這個問題，但我們這些現代人需要擔心。這就是爲什麼肯迪強調：「推翻種族歧視的唯一辦法，就是時時刻刻地找出並描述它。」大聲說出來，而且經常這麼做。這個反種族歧視的關鍵教訓很重要，就算你沒有

Run-DMC 或知名樂團主唱波諾那種平臺，即使你遇到的偏執和腐敗並沒有像種族隔離制度那樣露骨。因爲想透過減法來改善一套制度，我們就需要先看得見後者。

—

我們在辨識並描述種族歧視制度的時候，種族歧視本身並不是唯一明顯的問題。例如亞里斯多德說過，你丟下的石頭會掉到地上，是因爲石頭和地面是以相似的物質所組成。煙霧會往上飄，是因爲本質很像空氣。但是亞里斯多德這種物體導向的方式無法解釋異常現象，像是爲什麼箭矢能飛很遠之後才回到地面。伽利略提出「慣性」和「摩擦力」這些位於箭矢外界的力量，更清楚地解釋了箭矢的行爲。伽氏科學促使人們開始把物體視爲動態系統的一部分。

一般來說，系統是由東西和想法與這兩者間的連結，以及周遭場域所組成。這一切聽起來應該耳熟能詳。我們透過加法和減法，來描述自己能改變的狀況。

如果一套系統的行爲，因爲諸多因素之間的動態互動而變得無法預測，這套系統就會被打上「複雜」的標籤。

我們在高中學物理和數學遇到的情況，大多不是複雜系統。我們想預測鐘擺的行爲，辦法就是先知道它從哪個高度開始擺盪。無論一個數學題有多少解題步驟，正確答案只有一個。

我們在生活中遇到的狀況大多複雜，像是運載南非葡萄酒的貨船、被水泥覆蓋的市中心，以及過度繁忙的陸軍訓練計畫。只要加入人類因素，就足以讓一套系統變得難以預測。

我們在接受這種不確定性的時候，已經取得的減法式見解依然重要。但人們也該著重於本質複雜的情況，因爲它不只會帶來更多變數，也會帶來促成改變的新力量。如果許多狀況彼此串聯，假如其中一個狀況的成果會推動其他狀況，那麼我們能否看見並採用減法，就會產生重大影響。我們可以強化自己新獲得的減法能力，辦法就是把它運用在系統上。

在一九〇〇年代初期，德國一群學者發現，我們對人類行爲的了解也需要接受伽利略式的革命。因爲這群學者的重要疑問之一，是人類如何在這麼混亂又難以預測的世界上取得有意義的感知，而這種看待行爲的新觀點後來被冠上「格式塔」（Gestalt）一詞，在德文中的意思是「感知」。

當時的主流智慧是，每個神經元、刺激和反射動作，都是行爲的元件。正如亞里斯多德的物體導向思維，這些元件也能用以解釋行爲。然而，德國這些另類科學家們感到好奇：他們如果在考慮這些元件的同時，也考慮它們所處的系統的話，是否就能做出更多解釋。

就像物體獨立性的觀念（例如慣性和摩擦力）幫助伽利略把實驗觀察和因果關係做出連結，格式塔學者們也試著找出能解釋人類行爲的無形力量。庫爾特·勒溫提出的「效價」就是這種力量之一：某個東西（或奧福所熟悉的文字）與生俱來的正面性或負面性。與此同時，勒溫提出的「場域」（我們曾用它來探討薩凡納市的廣場和哈林區的袖珍公園）能象徵這些力量的總和：在同一時間影響某個行爲的所有因素。

「場域」和「力量」的概念，使得勒溫和其他社會科學家能這樣形容人類行爲：一套由各種需求組成、邁向某個目標的系統。例如，關於減法疏忽的「力量與場域」概念，能說明我的團隊透過實驗發現的一些根本上的疏忽。這個概念也把加法本能納入考慮，例如我們對數量的感知，以及想炫耀能力的欲望。這個概念能解釋經濟和其他金融動機，以及一些潛在情緒，例如人類會把「減少」誤解成「損失」。

正如慣性和摩擦力這兩個概念讓伽利略的理論變得更精確，勒溫的方式也能更好地解釋人類行爲。當然，你如果把這些因素全都納入考慮，就等於踏出「可預測性」這個舒適圈。

幸好，庫爾特．勒溫更感興趣的是改善大局，而不是預測小事。他出生於波蘭的猶太人家庭，後來去德國求學，在希特勒掌權時被迫遷往美國。勒溫對社會問題感興趣，他發現想了解「不可預測的系統」的最好辦法，就是試著改變它，以及「改變無形力量」。

想改變一套系統，其中一個辦法就是加入一些能幫助我們達成目標的新力量。這種力量的例子包括：里歐．羅賓森及其碼頭工人把食物和醫療物資送去一些反種族隔離制度的團體，以及「太陽城」歌手們捐出收益。

但是無形力量也能對我們不利，而如果人們想獲得改善，辦法就是移除這類力量。我們可以從施行種族隔離制度的國家撤資，可以對推翻種族歧視這件事發表意見。

和許多偉大見解一樣，我們現在也能清楚明白，勒溫建議的「減去『阻礙進展』的各種因素」確實有用。但我們也一再目睹，爲什麼自己出現的第一個念頭很少是「移除障礙」。我們就是因爲這種疏忽才沒想到對樂高結構和網格進行減法，而這種疏忽在我們試著改變一套系統中的諸多因素時也同樣存在。

我的團隊透過實驗確認了這點。和許多大學一樣，我們這所大學最近開始構思一些策略計畫，辦法是請學生、教職員、社群成員、校友，以及捐款者（當然了）提供意見。他們都建議該如何改變「大學」這套複雜的系統。

嘉貝麗分析了相關數據，發現了預料之中的結果：絕大多數的人是採用加法。他們想要更多留學獎學金、更多爲國際留學生量身打造的精神健康服務、更多住宿選擇，以及一座時髦的溜冰場。對我來說，這些改變看起來大多都像「進步」（我這才知道本校有曲棍球隊），但我相信這其中一定還暗藏一些未被開發的潛力。在這些受訪者提出的關於「改變」的七百五十多項提議中，只有不到一○%是跟減法有關。

我們進行改變時，完全忽視減法，這已經夠糟了。在「改變系統」上，「減法疏忽」的傷害卻更大，因爲事實證明，我們遺漏的選項幾乎都是更好的選項。

丹尼爾．康納曼是這麼說的：「勒溫的見解是，你如果想對某個行爲做出改變，會有好方法，也會有壞方法。好方法是減少約束性質的力量，而不是增加驅動性質的力量。」勒溫所謂的「壞方法」是採用加法，包括對好行爲做出獎勵，或對壞行爲做出懲罰，因爲這會提高這套系統的壓力。我如果對以斯拉做出「看書而不玩 iPad 就能拿到餅乾」這個承諾，他就更有動機不去滑 iPad。但保證給以斯拉餅乾，並不會讓他更容易抗拒 iPad。事實上，如果保證給他餅乾，他卻依然屈服於 iPad 的誘惑，這只會讓他覺得更沮喪。

我可以換個辦法來追尋同一個目標，促使以斯拉看書而不是盯著 iPad，辦法就是從這個情況中拿掉誘人的 iPad，讓它眼不見爲淨，不然就是不小心讓它整晚沒充電而耗盡電力。這是勒溫所謂的改變系統的「好方法」，因爲這麼做其實能減輕壓力。

從施行種族隔離制度的國家撤資也是同樣道理。如果其他因素保持不變，那麼「給反種族隔離制度團體增加獎勵」，效果就不如「拿掉給種族歧視制度團體的獎勵」。嚴格來說，這裡是「同時」採用加法和減法，因爲這兩種改變都能促使一套制度減少種族歧視的性質。然而，加法讓自由鬥士有更多彈藥能爲自由而戰，減法則能減輕自由之戰的壓力。系統的本質，其規模、複雜度，以及影響力深遠的無形力量，都能讓減法變得更強大。

一

格式塔學者們當中，不是只有庫爾特·勒溫教導我們減法的智慧。庫爾特·考夫卡（Kurt Koffka）在忙著跟兩個女人結四次婚的期間，想出了一句關於「高效能系統」的陳腔濫調：「一個整體乃大於其諸多部件的總和。」

考夫卡想出了一個不複雜的方式來傳達以下訊息：不管我們多麼了解一套複雜系統的各個部件，都還是沒辦法預測這套系統的行爲。然而，運動賽事主播和勵志演說家雖然喜歡以上那句老生常談，但事實證明，這句話是對考夫卡說詞的誤譯，而且忽視了減法。他說過的至理名言其實是：

「一個整體乃不同於其諸多部件的總和。」

考夫卡對「大於」的這個誤解感到很不高興。他知道一個整體也可能小於其諸多部件的總和。他曾徒勞地多次澄清：「『改變系統』並不是加法原則。」

爲了提升一套複雜系統的整體性能而減去其中一個部分，這種做法至今依然讓我們覺得違反直覺。而這就是爲什麼，安巴卡德洛濱海大道的拆除並沒有造成交通惡化，這令人們大感驚訝；韓國首爾的清溪川高速公路在二〇〇五年被拆除後，交通獲得改善，但這就沒那麼令人驚訝。紐約市封鎖了百老匯通往時代廣場和先驅廣場的交通路段時，知道內幕的計畫師已經猜到，這個新的人行空間也可能會減少周圍馬路的交通量。

這些交通案例，清楚展現了德國數學家迪特里希·布雷斯證明過的一個現象。布雷斯計算出，如果提升一套系統的量能，有時候反而會降低整體效率，或是像考夫卡所說的，有時候一個整體乃不同於其諸多部件的總和。布雷斯的計算適合道路系統，是因爲某條路比另一條更好，這不僅取決於道路的量能，也依賴於交通密度，而這都又受制於人類駕駛者的複雜行爲。

增加一條路或減去一條高速公路之後，駕駛人會試著予以優化，直到他們認爲其他駕駛人的行進路線已經定型，這時候每個人都會停止優化。這個新的「滿意即可」的平衡，也許會提升或降低整體性。首爾的交通獲得改善，不是因爲這套系統從某個最佳狀況變成另一個最佳狀況，而是因爲拆除道路把人們從某個次優情況拋進另一個次優——卻湊巧更好——的狀況。拆除道路原本也可能造成情況惡化，但這基本上就像擲骰子，而且絕對不是加法原則。

布雷斯和考夫卡的「移除也許能帶來改善」的智慧，並不僅限於道路和交通。同樣的道理也存在於輸電網路、生物系統，甚至我大四那年的足球比賽裡。

在當時，我們的足球隊就是一套亟需改變的系統。隊上大多數的球員，都曾在前一年贏得聯盟比賽，而且經驗比一般球員多一年。然而，我們是以吊車尾的成績，勉強打進由四支球隊組成的聯盟錦標季後賽。我們如果想贏得那場錦標賽（那對我們來說，就是世界盃），就需要在頭號種子隊的主場上擊敗他們，但他們在那一季中已經在主場擊敗過我們了。之後，我們還必須跟另外兩支球隊比賽，而他們最近也都曾在我們的主場上打敗過我們。

教練們盡了一切力量，試著讓我們走出低潮。他們改變球員的位置，把懶散的大四球員換成鬥志激昂的大一球員。他們對我們咆哮、給我們呵護、對我們發號施令，也聆聽我們的心聲。那時我們只爲了聯盟錦標賽練習過幾次，亟需表現得更好，但教練們似乎也耗盡了所有辦法。

你大概已經猜到了，教練們在最後幾場練習賽中悟出的道理，是採用減法。在那些練習賽中，我們只派了九名球員上場，比平時比賽的十一名球員少了兩人。這促使我們脫離了原本的次優平衡。我們開始能以九人系統發揮機能後，教練們才再加入兩名球員。我們成了一套經過改變的系統，表現遠遠好過一整年的成績（是的，你大概也猜到了，我們贏得了錦標賽）。

我們不會想到移除樂高、贅字或安迪網格裡的方塊，也不會想到移除一套故障系統裡的部件。這種減法對我們來說是無法想像的，因此就連寇特・考夫卡也無法讓人們明白這個道理。基本數學證明了「減法能改善一套系統」後，這項發現被稱爲「布雷斯悖論」，彷彿這是一種我們無法明白的異常現象。

3

後來，足球不再是唯一吸引我的系統，我在成爲急診室沒用的那種「doctor」之前，開始管理一些大型建築的設計和營造。我就是在這時候開始認爲，把系統形容爲「複雜」的說法雖然正確，但也會導致我們放錯焦點。

我當時處理的一個典型的營造計畫，是新澤西州的伊麗莎白市（就在紐華克市南側）一所學校。這所學校現在容納從幼兒園到八年級，共幾百名學生，當時屬於州政府某項計畫的一部分，爲長期遭到忽視的社群提供迫切需要的硬體更新。這座校舍三層樓高，蓋在一座地下停車場上面。校舍裡有幾十間教室、一間體育館，以及一間學生餐廳。校舍外面有操場、鋪了柏油路的接送區、警衛室和圍籬。

我喜歡把自己想成在幫忙興建學校，但我哥樂於提醒我，我實際上並沒有「做」任何事。這種觀點上的差異，是因爲我的工作和公司並非在建造學校，而是處理興建學校所造成的系統性複雜度。

爲了在伊麗莎白市建造這種直截了當的學校，必須選擇、採購以及組裝無數的建材。就連「馬桶沖水把手」這麼簡單的物品，建築師和工程師也必須明確地說明看起來它應該是什麼模樣，而且如何運作。就連我這種人也會看清楚這些規格說明書，並寄給沖水把手的供應商，除非我是替承包商工作。有興趣投標的供應商，會把覺得最好的沖水把手相關資料寄給承包商，這筆資料可能長達數百頁，包含亮面相片、文字描述、計算、設計圖、價格，以及獨立測試機構提供的證據，能證明供應商的沖水把手完全符合規格要求。承包商會評估列入考慮的幾種沖水把手，然後把最喜歡的幾個呈給設計師。有時候，一、兩個分包商會獨自評估並批准供應商和主承包商看上的零件。建築師（確保沖水把手看起來沒問題）和工程師（確定沖水把手能發揮功能）也會評估所有選擇。例如，如果沖水把手是要安裝於教職員廁所，明智的建築師大概會尋求教師代表者的許可，以免日後發生爭議。這些步驟都完成後，最初的設計圖可能交由建築師批准，但他們也可能請承包商提供更多資料，或請廠商拿出其他產品。

這套含有諸多活動、資料和人際關係的系統令我們忙碌不堪，卻都只是爲了確認一支沖水把手而已。而爲了批准每一個進入學校的建材，這個過程必須重複數千次。

政府對複雜的「建材採購」過程所設計的一項措施，是雇用剛畢業的大學生來追蹤這一切。所以我把建築師的規格書看過一遍，然後列出所有需要的建材。工程持續進行時，我追蹤供應商，確認對方提供被要求的建材中，哪些是否寄給了建築師，哪些又獲得了批准等。這個工作能完美地激勵大學畢業生努力爭取晉升，或考慮去唸研究所。

選擇與取得適合的建材過程很繁瑣，而且以安全又及時的方式將其組裝，也是個很複雜的問題。爲了建造這所學校，數千人以數千種方式參與其中，把同一個程序重複了數千次。建築師、工程師和承包商擁有不同的專業能力和動機，而這種差異也存在於所有的學生和教師、使用校舍的職員、負責維護和運作校舍的工友和工程師，以及批准相關計畫並支付費用的行政人員和州政府官員。如果這還不夠，我們這棟三層樓建築就跟一般的工程一樣，屬於一個更龐大的學校營造計畫。有人必須考慮預算、行程，以及這些因素能如何配合其他計畫案、資金承諾，以及政治問題，例如一個要求使用鍍鉻沖水把手的校長會不會再次續任。與我打過交道的每個人，都比我更了解計畫案的某些層面，而我的職責是幫助他們了解他們在這套系統裡的角色。

既然你明白了我爲什麼很討厭花費數千小時處理複雜的事務，現在可以來討論「如何看見事物的本質」。本質是複雜事物的靈魂，無法再予以拆解的組件。舉例來說，生物演化所造成的複雜結構，其實都來自DNA的遺傳編碼，而四個英文字母就能給所有編碼分類，每個規律是由三個字母所組成。遺傳編碼就是本質。

在一套系統中找到本質並不是「分類」，例如我當年是以「功能」來分類數量龐大的競標建材（那支沖水把手歸類爲「MasterFormat規格系統」裡的二二四〇〇〇小項）。「分割」確實讓細部資料更容易調閱，也因爲一項計畫案被分成更小的部位而更容易理解。

但我眞正的工作，是了解「建材供應度」如何影響營造進展，我也因此沒辦法只用「分割」來處理衛生設備。我需要查看所有類別，而在合併了較短的清單後，又回到一開始的問題：資訊過多。我們越是把一套系統拆成細部步驟，就越難看見這些步驟之間的重要關係。過多的分工，會讓人們很難看清楚諸多項目之間的關聯，也造成我的工作量大增。我只是把我們擁有的東西進行了分割，但這麼做無法讓自己知道這一切代表著什麼。

營造過程是由無數的步驟、關係和加固所組成。而在決策時把它們全都納入考慮的做法非常有害。

該營造案的監督人付出了遠比我更多的努力，才讓位於伊麗莎白市的那所學校成眞（也因此拿到該有的酬勞）。他從不過目我提供的競標建材清單，也不看完整的營造行程表。相反的，他有自己的簡短清單，有時候是寫在紙片上，塞在他那條破舊牛仔褲的口袋裡，但更多時候是記在腦子裡。那位監督人花了數十年發展出更有價值的簡短清單，上頭只記著少數幾個眞正攸關於營造進度的建材和步驟。我在大學工程課（或足球練習）沒學到的教訓是：在爲一套複雜系統做決策時，簡短清單會比複雜清單更有用。

想了解簡短清單爲何更優秀，我們就需要了解人類的「工作記憶」（working memory）。這套認知系統負責暫時儲存人類能用於處理的情報。換言之，工作記憶能讓我們迅速想起用於改變的所需資訊，例如營造中的學校狀態、網格圖案，或是來自南非的貨船。

人沒辦法在列出一套系統所有細節的同時，運用這些資料。「細節」和「用處」之間的緊張關係，長期以來爲我們的想像力提供了飼料。兩位作家路易斯·卡羅和豪爾赫·路易斯·波赫士，都曾幻想過「製作完美地圖」的遠征。他們想像出來的地圖繪製師，決心把地圖應該呈現出來的所有複雜系統納入圖中，因此拚命添加細節。到頭來，地圖確實完美描述了這兩位作家各自的帝國，但結果地圖本身跟帝國的實際面積一樣大。在波赫士的故事中，這幅地圖大得遮天蔽日。

這兩位作家透過故事來探索「細節」的極限。心理學家喬治·米勒透過實驗說明，早在我們畫出完整比例的地圖之前，人類的工作記憶其實早已達到極限。

「我的問題是，我遭到某個『整數』的迫害。」他在發表於一九五六年的學術論文開頭，寫下這出人意料的一句話。米勒接著開始陳述工作記憶的極限，他揭露這個令人心煩的整數是「七」（嚴格來說是介於七減二和七加二之間，也就是五到九的範圍內）。大部分人都認爲，米勒這篇論文是表示「七」這個數字，是我們能同時思索和運用事物的數量。但我們其實不需要死抓著這個數字不放，因爲在米勒之後，人們對工作記憶的了解已經進步許多，這也符合米勒的期望。但許多研究結果也證實了他的發現：我們的工作記憶容量非常有限，而且經常**低於**「七」。

需要明白的是，我們在思索複雜系統的時候，必須避免讓工作記憶超載。一場官司也許需要一份列出數千個商品的競標清單，或是能完美地想起南非的所有法條，但在我們需要想起並使用某些資料的時候，這類記憶就像遮天蔽日的巨大地圖。想改變系統，我們就需要找出本質，意思就是需要削減細節。

問題是：我們該保留什麼？該拿掉什麼？

我看了許多關於這個迅速演進的系統科學論文，覺得寫得最好的還是唐內拉．梅多斯。梅多斯在麻省理工學院參與某個團隊時，率先提出對複雜系統的研究。正如秉持完美主義的地圖繪製師，梅多斯的團隊也建立了這個世界的細部模型，以及彼此重疊的地球系統，能列出「經濟產生」「汙染」和「使用不可再生資源」等人類因素。梅多斯在達特茅斯學院教授複雜系統，並在撰寫相關文章的三十年間，也思索並分享了何謂本質。她非常熟悉複雜系統，因此能用很簡單的方式解釋。這方面的其中一項證據，就是她歷久彌新的著作《系統思考：克服盲點、面對複雜性、見樹又見林的整體思考》。

這本書強調「找出一套系統中的所有目標」。正如梅多斯所述，我們發現這些目標的辦法是提出這個問題：「這套系統試著達成什麼目的？」

這個疑問雖然簡單，但我們常常忘了提出這個問題，不然就是忽視它，結果因此設定了不正確的目標。我很少想過，「追蹤提交過程」的目標是「知道建材的狀態如何影響整體進度」。我如果分析了這個目標，大概就不會滿足於核對每個建材的狀態，而是會出現更接近那位工程監督人的智慧。他口袋裡的那張紙，就是我們能實際運用的知識。我如果能列出屬於自己的優先事項，就能評估是否該拿有限的「時間」和「社會資本」來勸誘建築師批准那支沖水把手，或是該讓她專心處理結構鋼方面的問題。

我的意思並非表示「從細節中看出本質」是很簡單的事。如果人類在製作資料夾，或是寫論文給哈佛大學看的時候，體內的「炫耀能力」動物欲望會啓動，那麼我們在興建校舍的時候也一定會產生這種欲望。

然而，如果「進行減法」的挑戰會隨著系統複雜度而提升，那麼報酬也會隨之增加。我們「說明用什麼方式，在哪個地點介入」的方式，就是刪減不必要的細節。我們拿掉一些繁瑣細節，明白眞正重要的首要步驟是讓人們了解何謂「種族隔離制度」，然後意識到，在這方面可以描述爲一艘貨船無法卸貨，或是一場有許多名人參加的示威活動。我們發現「分辨」並「描述」種族主義，就是推翻該主義的第一個步驟。接下來，就是累積力量來改變整套系統。

4

我的妹妹嘉莉是急診室醫師，時時刻刻都必須處理複雜系統。無論是噎到的幼兒、胰島素不足的糖尿病患，還是髖部疼痛的老人家，嘉莉遇到的每個新患者都是獨特又難以預測的案例。但對病患來說幸運的是，她受過多年的醫學訓練，並透過海灘度假的機會來累積並改善能幫助病患的龐大知識。

嘉莉每次遇到新案例的時候，不僅需要從睡眠不足的大腦裡取用醫學能力，也必須把它應用在眼前的患者身上。不同患者出現的同一症狀，可能需要她採取完全不同的行動。一個青少年在第一次喝酒後昏迷不醒，所需要的治療將不同於一個每年都會被送醫幾次的五十歲昏迷患者。

而且嘉莉很少一次只處理一名病患。不管你爲了縫合手指傷口而等了多久，如果有個心臟病發作的男子被人用輪椅推進來，你就必須再多等一段時間（而且你大概會對自己的狀況產生新的觀點）。我妹必須考慮每個患者的狀況，以及多個患者彼此間的相對狀況。

嘉莉必須把這些情況全都納入考慮，也就是必須能看見「場域」。如果只有一名麻醉師值勤，但有兩名患者需要接受緊急手術，她必須決定誰的情況比較急迫，誰能等候待命麻醉師駕車到來。我敢打賭，我妹一定也知道待命麻醉師住在哪，以及該地點和醫院之間的交通狀況如何。

我可以繼續炫耀我妹，但你已經明白我想表達的重點。她面對著數量龐大而且無法預測的系統，當中有著無限個改變的可能性，而且沒有足夠時間把所有因素都納入考慮，因爲看不見的患者正在持續惡化。考慮到變數的數量，以及嘉莉花了多少努力才有能力判斷這些變數，我很驚訝地得知一件事：她在一開始判斷誰該獲得哪種治療的時候，所採用的「檢傷分流」過程是多麼簡單。在世界各地受過多年訓練的急診室醫師都是採用這套過程，該過程的步驟雖然可能因地點不同而有些修改，但整體方向是一致的：

患者是否需要立即急救？（患者是否不該再等下去？）

患者需要多少資源？
患者的生命徵象如何？

就是這麼簡單。檢傷過程把急診室系統簡化至其本質，讓我妹有機會改善。

嘉莉當年是在約翰霍普金斯大學上醫學院，教過她的一位年輕醫師名叫彼得．普羅諾沃斯特（Peter Pronovost），曾示範「刪減細節」爲何能救命。普羅諾沃斯特想改善「中心靜脈導管置入術」的施作方式，這種塑膠細管是用於抽血或施打液體和藥物。

「改善導管置入術」聽起來不如「心臟移植」或「精準移除腦瘤」那麼英勇。我妹小時候看過的那些醫學影集，劇情都不是以導管置入爲中心。但是普羅諾沃斯特知道，這些導管所造成的感染，每年奪走大約三萬名美國人的生命，這種數量跟車禍罹難人數差不多。

想插入導管就必須經過數十個步驟，每個步驟都需要許多的思考、判斷和技能，例如對患者進行麻醉，插入導管時必須避免造成空氣栓塞，以及使用 X 光來確認導管插入後的位置等。對一個脫水的十歲患者進行導管插入，也十分不同於對一個出現腦震盪的線鋒橄欖球員進行同樣的處置。一篇刊登於某個醫學期刊的中心導管置入術的「摘要」，其篇幅竟然高達三十五頁。該文章整合了許多來自其他期刊文章、專家意見和臨床數據的資料。

爲了避免患者遭到感染，普羅諾沃斯特及其團隊把這些複雜資料全都納入考慮，然後對醫療人員提出以下建議：用肥皂洗手，用消毒劑清潔患者的皮膚，用開刀巾蓋住患者全身，醫療人員戴上滅菌口罩、手術帽、手術袍和手套，而且用無菌敷料蓋住導管區域。

這些步驟很簡單，但成效驚人。約翰霍普金斯醫院，以及很早就接受該步驟的一些地點，像是密西根州和羅德島州，因爲醫師們遵循這篇提醒步驟的文章，幾乎沒再發生導管感染事件。化繁爲簡，看見一套系統的本質，這麼做拯救了無數生命。

當然，我們也不能完全省略所有細節。彼得・普羅諾沃斯特及其團隊知道，美國每年發生超過一百起的手術火災，而且有時候造成人員死傷。但他們沒有在導管檢查表列入「降低火災風險」，是因爲雖然再加入一些檢查項目也許能減少一、兩場火災，但這會讓該檢查表變得更長，也偏離了「降低感染風險」這個更重要的問題。

同樣的，我不能使用急診室檢傷步驟，因爲這麼做就會形成致命的「懶惰型精簡」。但是，嘉莉的大學成績每科都拿A，後來唸了四年醫學院，通過重重考試關卡，之後花了三年住院實習，在經驗豐富的急診室醫師身邊學習並實作。現在，她大多數的時間都是待在急診室，下班後也常常想著這方面的工作。

話雖如此，但嘉莉的技能還是在簡單步驟的引導下，最能獲得發揮。你得到什麼樣的治療（沒錯，還有你得在候診區坐多久），依然是由她辛苦獲得的技能和判斷力來決定的。但透過化繁爲簡，檢傷過程能幫助急診室醫師專注於任務的本質。憑著優異的理解力，這些人能提出接下來的問題：減法能否改善一套系統本身？

5

這時候就需要減法式的檢查表。我們在前進時，能把這套檢查表儲存在工作記憶裡，包括看到減法在系統中如何運作，以及如何透過減法來改造系統。在我們爲了幫助自己找到並分享精簡所蒐集的教導中，這套檢查表能幫助人們記住該進行哪些必要步驟。

在試著改變一套系統**之前**刪減細節，這將是該清單上的首要步驟。「堅持於可見的精簡」（例如史普林斯汀的「武士唱片」）也是優先步驟之一。另外兩個步驟是「先採用減法」，以及「重複使用你的減法」。Jenga 疊疊樂益智積木，以及甜甜圈中間的洞，能幫助我們很快地學習並記住這個道理。

Jenga 疊疊樂遊戲的製作技術門檻極低，會讓人覺得它就像西洋棋或撲克牌那樣歷史悠久。但 Jenga 其實是在一九八〇年代中期問世，一開始從迦納傳至英國，後來由玩具投資人萊斯里・斯科特（Leslie Scott）介紹給全世界。沒錯，在玩具發展史上，電腦遊戲「俄羅斯方塊」出現的時間點左右，人類就想到對積木進行刪減。

Jenga 的玩法是，一開始先搭建一座穩固的高塔，每一層由三塊積木組成，每一塊都跟其下方的積木呈垂直狀。每個玩家每次從高塔中抽出一塊積木，然後放在塔頂上。隨著高塔越堆越高，結構也越來越不穩，玩家每次移動積木時就很可能引發全塔崩塌。而造成塔倒的玩家，就是遊戲的輸家，而其他玩家都會覺得自己像贏家。

樂高和 Jenga 疊疊樂都滿足了以斯拉的建造欲。不過兩個遊戲規則不同，也引發完全不同的結果。在樂高遊戲中，以斯拉先按照說明書來組裝積木，然後拿著組裝完畢的結構玩上一小時。他組裝出來的東西會聳立在擴建屋的地板上，直到整個房間又變得難以通行，這通常都發生在一星期內。這種時刻，以斯拉會決定最近期的創作是否應該在窗臺上永久展示，或是可以丟進他的樂高工作桌的抽屜裡，回收用於日後的自由建造。這時他已經開始振振有詞地向我說明，我爲什麼該幫他買新的樂高。

樂高鼓勵玩家進行永無止境的加法，特別是如果玩家有個能支持他這項習慣的爸爸的話。

但是 Jenga 疊疊樂的遊戲規則鼓勵「平衡」。它迫使我們先採取減法，規定玩家從較低的樓層抽出一塊積木，再把它添加在頂層。沒錯，樂高的加法手段很適合商業，但 Jenga 疊疊樂「先採取減法」的規定也同樣合適。萊斯里·斯科特當初就是爲這個遊戲的新穎減法規則申請版權，結果遊戲狂賣了一億套。

不僅只有玩具能告訴我們，先進行減法能提升改變的力量。關於專案管理的教科書也提醒師生：如果有一系列改變存在，而且早期改變的成果將應用於晚期改變，那麼早期改變通常會更具影響力，而且製造成本也比較低。在一支沖水把手只存在於設計圖時就發現它有瑕疵，會好過把它裝上馬桶後才發現有問題。「爲了確保導管區域乾淨而洗手」，能比「發生感染後才洗手」拯救更多生命，代價也更低。同理，若一開始就採取減法，就能避免我們走上熟悉的加法之路。

因此，在你化繁爲簡，找出自己想改變的一套系統本質後，請先考慮採用減法，就像玩 Jenga 疊疊樂那樣，然後堅持於可見的精簡。最後，別忘了你可以重複使用減法成果。

甜甜圈中間的洞，也是一個能闡述減法的鮮明例子。就像實心磚演變成安娜·凱契琳的 K 形磚，我們也是在很久後才意識到「如果拿掉炸麵團之中的一部分，就能讓它變得更好」。一個記錄得最爲詳盡的故事，指出這項創新發生於一八四七年，功勞歸於緬因州一個名叫漢森·格雷戈里的青少年。年輕的漢森問母親，爲什麼她的油炸蛋糕中間的部分總是過度潮濕，她說她不知道。所以這個青少年拿起叉子，把還沒煮過的圓形麵團的中心處挖出一個洞，再由他母親拿去油炸。這就是爲什麼甜甜圈中間有個洞。

在麵團中央挖出一顆球，這不僅能讓麵團炸得更均勻，也提供更多表面面積讓肉桂、砂糖附著。在這個案例上，「少」眞的就是「多」。不令人意外的，甜甜圈在「後格雷戈里」時代大受歡迎。在一九三四年的世界博覽會上，甜甜圈被稱作「這個進步世紀最受歡迎的食品」。與此同時，紐約市一家烘焙坊創立了史上第一家甜甜圈連鎖店「五月花甜甜圈」，紙盒上寫著樂觀主義信條：「兄弟，無論你的目標是什麼，當你漫步於人生時，請聚焦於甜甜圈，而不是中間那個洞。」漢森．格雷戈里做出創新後的很長一段時間裡，人們就是這麼做：聚焦於甜甜圈。

過了一百多年後，甜甜圈的洞才從「有用的空洞」演變成「能賣的實體」。我們現在知道，這些被挖出來的小顆麵團其實也充滿吸引力。無論你喜歡的是 Dunkin' Donuts 的小不點（Munchkins）（一九七二年），還是 Tim Hortons 的天趣球（Timbits）（一九七六年），「重複使用減法成果」都成了另一個收入來源。

重複使用減法成果，讓人們得以運用減法帶來的某個優勢。我們爲了改變一套系統而採用加法時，成果是經過改善的系統。但我們如果透過減法來改善一套系統，成果將不只是經過改善的系統，**也包括**我們從舊系統裡移除出來的東西。甜甜圈案例的原理，也適用於其他「能帶來後果」的變化。加州從實行種族隔離制度的南非撤走一百一十億美金的資金，意思就是能把這筆錢投資於其他地方。

因爲一個被減去的部分原本拖累一套系統，並不表示這個部分在其他環境也一樣沒用。

就像急診室醫師，我們現在也擁有一份如下的檢查表，讓我們有空間能行動和適應。

・試圖做出改善前，先採取減法（例：檢傷分流）
・讓減法成為優先事項（例：Jenga 疊疊樂）
・堅持於可見的精簡（例：史普林斯汀的《城鎮邊緣的黑暗》專輯）
・重複使用減法成果（例：甜甜圈的洞）

這四個步驟能引導我們如何使用自己的專長。我們工作時，可以把這四個步驟儲存在工作記憶裡。姑且把這份檢查表稱爲「簡化表」。

你會注意到，這四個項目並不涵蓋我們在這個章節學到的每一個教訓：「太陽城」藝術家們提醒我們，我們必須先看見一套系統，才能從中進行減法；勒溫表示「移除屏障」是「改變系統的好辦法」；考夫卡堅稱「改變系統並不是加法原則」。這四個項目也無法總結本書一開始的六個章節。就像我妹把努力累積的專長運用在急診室的檢傷分流，我們也需要把新獲得的減法技能應用在這份簡化表上。

所以，我們該練習如何使用這些新工具。我們接下來會發現這件事很急迫，因爲人類行爲，包括減法疏忽，已經變得無比強大，甚至改變了一套支持所有生命的複雜系統：地球。

第七章

減法的遺產

人類世之中的減法

1

地質學的名詞「人類世」（Anthropocene）指出一個新的地質年代，其定義是某個前所未有的事實：某個單一物種（也就是我們人類）對這顆星球的健康造成了重大影響。我們是終極場域（ultimate field）當中最龐大的力量。

地球環境是一套無比複雜的系統，意思就是我們必須找出本質。請先閱讀一篇文筆精妙的概要，這篇文章經歷了歲月的考驗，而且篇幅只有兩千字左右。

你如果在兒童讀物上的閱讀進度落後，或是沒看過電影版，以下是蘇斯博士《羅雷司》的大綱：

「萬事樂」是個充滿企圖心的年輕人，某天經過一座山谷，這裡生機盎然，到處都是絨毛樹，這種樹的樹葉看起來就像鮮豔的粉蠟筆色彩。萬事樂砍下其中一棵，取下絲絨般的樹葉，編織成衣服，把這個品牌取名爲「絲妮」。羅雷司在此時登場，他的身軀宛如海狸，臉上有著海象般的鬍鬚，他的職責是「對樹木說話」。羅雷司責備萬事樂砍倒絨毛樹，萬事樂則指出絨毛樹多得是。故事繼續進行，直到羅雷司最糟的恐懼成眞，而且萬事樂學到教訓。絲妮成了時尚品牌，萬事樂也提高了生意規模。他甚至建造了一座工廠，用更快的速度砍倒更多樹。原本生氣蓬勃的山谷，如今成了汙染嚴重的廢土。羅雷司牽起自己的尾巴，飛離此地。因爲絨毛樹一棵也不剩，萬事樂也沒辦法製作更多絲妮衣。他關掉了工廠，餘生都躲在商店頂樓的住宅裡，反省自己做錯了什麼、能如何彌補。

蘇斯以詼諧的手法指出人類如何倚賴環境，這迫使我對兒子大大提早了教導。四歲的以斯拉擔心自己的衣服就是來自萬事樂那種工廠。在《羅雷司》中，萬事樂的工廠所產生的廢氣，不僅害得美麗天鵝再也沒辦法唱歌，還把一坨坨髒東西排進「吟唱魚」生活的水裡。我向以斯拉保證，人類在《羅雷司》出版後已經找到一些辦法，製造衣服的時候不會把太多讓天鵝窒息的廢氣排入天空，或把太多廢棄物直接倒進河裡。我驕傲地向兒子說明人類物種裡一些有遠見的成員，像是 Interface 地毯公司的已故執行長雷．安德森。這些人改善了自己的工廠，工廠排出去的水因此比一開始進入工廠的還乾淨。

但我也慚愧地承認，目前的狀況是人類活動正在以一種更龐大的規模影響我們的環境。我告訴以斯拉，人類燃燒化石燃料的分量，龐大到甚至影響了沒有絲妮工廠的地區。

我不希望兒子太早失去對成年人的尊重，所以澄清說明，這些燃料釋放的能量，例如人類投入農業的人力，讓許多人能過上前所未有的好日子。我也澄清，我們在享用化石燃料的好處時，原本有很長一段時間並不知道它散發的二氧化碳會影響整個地球，但人類現在知道了。

我告訴以斯拉，雖然排入大氣層的大量溫室氣體還不會立刻讓美麗天鵝失去歌喉，但這種壓力改變環境的速度已經超過任何物種所能適應。原本大約四十萬年間，大氣層中的二氧化碳濃度是介於一八〇和二八〇 ppm 之間。在杜魯門多次提及「更多」的那場演講的時間點，人類已經運用了化石燃料大約一百年，大氣層中的二氧化碳濃度提升到三一〇 ppm。這種數字雖然在當時是歷史新高，但還是低於三五〇 ppm，今日的科學家相信只要能低於三五〇 ppm，我們就能避開深具毀滅性的變化。之後的七十年間是「更好就是更多」，背後的動力就是人類燃燒化石燃料。我和以斯拉進行這場談話的時候，大氣層中的二氧化碳濃度是四一三 ppm，而且持續升高。

就算我不提到數字，兒子在這時候已經對這堂歷史課失去興趣，所以我繼續描述氣候變遷對人類的傷害。我告訴他，「變遷」本身並不是問題。所有物種都在地球上四處移動，爲了尋找對生存更有利的環境。例如，羅雷司飛出霧靄，離開絨毛樹山谷。我的祖先往南遷移，爲了避開寒冷地帶，也爲了找到猛獁象。也許他們搬去的地點有更好的生活。這種小規模的移動沒有任何問題。

但我告訴他，現在的問題是，人類不只汙染了一座絨毛樹山谷，而是改變了整個地球。而且我們改變地球的速度遠超過自己所能適應的速度，也超過人類依賴的諸多系統所能適應的速度。我告訴以斯拉，許多冰河正在融化，風暴和乾旱比以前更嚴重，許多島嶼和濱海城市被上升的海面襲擊甚至淹沒。我正要完全進入教授模式的時候，他打岔：

「這些我都已經知道了。」

原來他在幼兒園就學過氣候變遷。

我不禁好奇，幼兒園的老師是否告訴他世界衛生組織的預估數據。在以斯拉長大後，氣候變遷將單單因爲高溫、營養不良和瘧疾就造成每年二十五萬人死亡。我希望那些老師還沒讓以斯拉知道，「每年二十五萬人死亡」只是保守估計，這還不包括氣候變遷直接造成的相關死亡，例如農產縮減，以及人口流離失所。

「每年二十五萬人死亡」還不包括艾蘭．庫迪，那名三歲兒童的身影讓我聯想到以斯拉趴著午睡，腳上小小的球鞋朝向上方。只不過，庫迪在那張相片上不是在睡午覺。而是在地中海溺斃後，被沖上岸後所拍攝下來的。庫迪在短暫的一生中，因爲敘利亞內戰而經常遷移，這場社會動盪很可能因爲氣候變遷造成的乾旱而惡化。

但我沒說出這些統計數字和庫迪的故事，而是讓蘇斯博士來教我兒子爲什麼人類和環境是不可分割的。就像蘇斯所解釋的，萬事樂把絨毛樹砍伐殆盡後，引發的連鎖反應造成整座山谷都無法支持生命。受到影響的不只是美麗天鵝和叭叭熊，也包括萬事樂的親友。

萬事樂就是絨毛樹山谷系統中的主導力量。現在，以斯拉和所有人類就是地球上的主導力量；他打算把「人類世」這個正式名稱介紹給同學們。

得知自己將繼承這個狀況時，我兒子顯得難過，所以我在談話的尾聲用一種更正面的方式描述人類世：人類是第一個有能力改善這顆星球的物種，而以斯拉就是這個物種的成員。而就像萬事樂終究發現的，真正的問題是，我們將如何引導這種力量。

一

蘇斯博士把人類和環境之間的關係寫成書的時候，唐內拉·梅多斯正忙著建立一種電腦模型，以便研究這些關係。梅多斯及其麻省理工學院團隊蒐集並整理了所有關於人類在地球上的生活變化，以及提供支持的環境資料。

一九七二年，梅多斯及其團隊在報告中分享了發現，這份報告成了史上最具影響力的非虛構著作之一，據估計銷售了超過三千萬本。這本《成長的極限》清楚表明了這些學者對這些關係的本質做出的結論。

萬事樂會對羅雷司說：「我就是要變得越來越大，越來越大，**越來越大**。」《成長的極限》指出，這種態度就是問題的關鍵所在。加法確實有好處，我們現在的日子過得比以前的貴族還優渥。我的兩個孩子能活著，是因爲現代醫學進步，而且有棟屋子能讓他們過得冬暖夏涼；此外，我只要動動手指，就能獲得這世上的知識。我們確實應該盡可能改善許多人在現在和未來的人類體驗，或是就像保守主義者會說的：「在爲期最久的時間裡，爲最多人帶來最大的好處。」

假設現在的人還是願意這樣幫助他人，那麼我們在這方面的手段也必須進化。少買幾件絲妮衣並不夠，也沒辦法像羅雷司那樣直接飛出烏煙瘴氣之地。

那麼，我們該怎麼辦？

這是個兩極化的問題，就算出發點是善意的。有些「人類世」改善者是站在羅雷司那邊，強調「極限」。他們舉出的邏輯是：有限的星球上不可能有無限的經濟成長。他們引述的研究指出，地球承受人類生活的容量是有局限的；也提到，大氣層中的四一三 ppm 二氧化碳已經表明，人類的活動已經超出了地球所能允許的安全範圍。喜歡數據的羅雷司主義者也許會注意到，人類的經濟成長率幾乎完全符合化石燃料的使用率，而這也幾乎完全吻合人類排入大氣層的二氧化碳濃度變化。考慮到國內生產毛額（GDP）和有害廢氣之間的直接關聯，羅雷司主義者也許甚至會指明，避免地球持續受害的唯一辦法，就是限制經濟成長。

另一些人則是站在萬事樂那邊。我得澄清，這些新的萬事樂者並不是氣候變遷的投機分子。這些人不是化石燃料的億萬富翁，而且他們買下媒體也不是爲了播下（對他們有利的）種子、讓民眾對氣候學產生不信賴。這些人也不是大企業或被大企業買通的官員，致力於繼續剝削氣候公共資源。就和處理種族歧視一樣，我們也需要時刻地找出並描述阻礙氣候行動的屏障，才能予以拆除。但這些不在乎大眾死活的演員們，並不是跟書中的萬事樂完全一樣。蘇斯曾說過，原本的萬事樂並不是有意造成破壞；他並沒有抱著賺到的錢，逃離他造成的廢土。他是待在商店頂樓的住宅裡，保護最後一顆絨毛樹種子。他是「全心全意地擔心這個問題」。

就和新一代的羅雷司主義者一樣，新一代的萬事樂們也提出了出於善意和邏輯、充滿科學原理的論點。萬事樂團隊指出，人類歷史就是一連串的科學創新，以及爲了進步所投入的努力。人類已經找到辦法能透過「更少」來取得「更多」，甚至能擴充《成長的極限》所預測的「地球能承受多少人類需求」的容量。Interface 執行長雷・安德森的淨水工廠就是「商業型」的萬事樂；寫了《眞確》一書的 TED 明星講者漢斯・羅斯林是「發展型」的萬事樂，他對全球成長提出了塔夫特風格的願景。與環保局合作的麗莎・傑克遜（Lisa Jackson），是「立法型」的萬事樂。這三種人都尊重「成長的極限」，但不會對此憂心忡忡。他們解釋，人類會繼續改進，並利用改進所獲得的成果來找出資源方面的限制。

蘇斯發表了《羅雷司》將近五十年後，有遠見的個體和團體大多站在「羅雷司 vs. 萬事樂」的其中一邊。然而，爲了改善我們的人類世狀況，就需要羅雷司和萬事樂都拿出最好的一面，但這鮮少發生。

減法能幫忙縮減這道鴻溝。羅雷司主義者確實說得沒錯，在有限的星球上追求持續的成長，這遲早會分崩離析，因爲這麼做需要越來越多的有限資源，例如農地、水源和化石燃料。但結局不見得非得是大災難不可，只要我們可以透過減法來取得成長。

凱特・奧福擁有萬事樂那種多層面，像是她如何運用科學和科技，她認爲改變是正面的，而且大膽地相信自己的想法能改變一套巨大的實質系統。但是奧福在萊辛頓市取得的突破——拆除既有的基礎設施——就需要用一種反直覺的方式，來進行萬事樂的行動。和羅雷司一樣，她爲了創造新的可能性，也看見了事物中的極限。

奧福不是唯一的例子。我們若思索減法英雄，就能在「深思熟慮的羅雷司」和「雄心壯志的萬事樂」之間找到平衡。就像萬事樂來到絨毛樹山谷，蘇・比爾曼也來到舊金山，創造了濱海美景。伊莉諾・歐斯壯就像羅雷司看出了公共資源的極限，但她也如萬事樂考慮了種種可能性，並透過努力證實了人類有能力管理這些公共資源。

不幸的是，奧福、比爾曼和歐斯壯這種人是例外。我們已經知道，減法是長久以來被忽視的選項。而隨著我們進入人類世，這種忽視也成了重大缺陷，因爲「精簡」很可能就是在長期上能爲更多人帶來更多好處的關鍵。

2

我們用先前提過的那份簡化表來查看人類世，看看自己能否留下某種「減法的遺產」。

第一步，是在採取行動前先進行減法。檢傷分流對我妹的急診室提供了幫助。如果把地球當成患者，我們能從我妹的範例中學到什麼？

人類世有幾個彼此交錯的目標，第一是經濟目標，例如賣出更多甜甜圈；第二是社會目標，像是推翻種族主義；第三個爲環境目標，比方減緩氣候變遷造成的重大影響。這些目標互相影響。例如，氣候變遷的影響幾乎大多都是由經濟弱勢族群承擔。每一個目標的複雜度，都高得無法由任何電腦模型所捕捉。「聯合國政府間氣候變遷專門委員會」（ＩＰＣＣ）召集了數百名科學家，檢討了數千名學者的研究，做出針對氣候變遷的「摘要」。ＩＰＣＣ最近的一份報告有一百六十七頁，而這份摘要是其他許多摘要的集合體，沒有任何一個字能被削減。一份IPCC報告中的任何一句話，就值得人們花費大量時間去研究或付諸行動。

在「維持能支持生命的氣候」這個目標下，也有著無數相互依存的議題，包括：大氣層、海洋和極端事件的改變；食物和水源系統，以及生物多樣性受到的衝擊；透過決策、金融和政策，做出預測並提議前進之路。這些子議題當中，每一個都值得學者們寫出專屬的報告。

對一篇長達一百六十七頁、宛如冰山一角的報告所做出的反應，是向我們自己保證，每一個小小的措施都有幫助。只要我們繼續做些什麼來改變現況，都是有意義的。而如果我們能彼此合作，這就更好。但我認爲上述是胡言亂語。

我們需要判定事情的輕重緩急。如果這種道理適合營造工程和導管置入，也當然適用於人類世。人類資源就是不足，沒辦法投入每一個可能適用於氣候變遷的解決之道。我們沒辦法什麼都做。我們需要做出能帶來最大進展的措施。

在做出進展上，卡洛琳娜・毛里（Carolina Mauri）就擁有萬事樂那種雄心壯志。毛里曾參加奧運游泳比賽，後來修得了法律學位，在哥斯大黎加的氣候變遷政策制定、國際協議，以及家鄉政府中擔任重要角色。毛里在試著改善系統之前，所採取的第一步，是你現在知道我們很難發現也充滿難度的第一步：對一個情況的本身先減去一些資料。

別忘了，想刪減資料，這筆資料就必須先存在。毛里思索其中的複雜性。身爲氣候變遷法律和政策的專家，她知道「適應環境變化」也跟「減少環境變化」一樣重要。她知道哥斯大黎加只是一個國家，在龐大的氣候公共資源中的一個牧人。她也知道，任何氣候目標都必須考慮到將對減少貧窮、健康，甚至經濟成長造成的影響。

毛里把所有相關細節都納入考慮，然後化繁爲簡，找出本質。

就算一篇內容精確、冗長的文章，也一定能轉移人們的注意力，導致人們忽視了在「採取人類世行動」上更有影響力的辦法。在導管置入檢查表上，彼得·普羅諾沃斯特沒有列入任何關於避免火災發生的措施。雖然這類措施也許能多拯救一些生命，但也可能造成更多人死亡，因爲注意力和資源不再集中於威脅更大的感染風險。同樣的，卡洛琳娜·毛里沒把自己和其他人的時間浪費在提升「資源回收」和「肥料工序」之類的計畫上，而是著重於眞正能救命的措施，例如大幅減少二氧化碳排放量。

毛里對複雜問題進行了減法，而且一減再減。二〇〇七年，哥斯大黎加宣布了計畫的本質。該國將於二〇二一年，也就是脫離西班牙統治的第兩百年，成爲全球第一個「碳中和」國家。這個目標並不容易達成，但很有用。

檢傷分流能儲存在我妹的工作記憶裡，引導她在急診室做出抉擇，正如「二〇二一年成爲碳中和國家」這個願景引導了哥斯大黎加，促使該國在預算、法律和獎勵機制上做出更正確的決定。使用化石燃料會拉開哥斯大黎加跟二〇二一年目標的距離，所以這種活動會被政府課稅。不產生碳排放的能源，例如太陽能、風力和生質燃料，則會獲得獎勵。哥斯大黎加雖然在氣候公共資源中算是比較小的牧人，但他們在採取行動前先進行了減法，樹立了值得我們學習的榜樣。

這份簡化表上的第二步，是讓減法成爲優先事項。我們現在來看看，這能如何應用於「在人類世玩 Jenga 疊疊樂遊戲」。

在「減量、回收、再利用」這項教條出現的同一時期，人類因爲發現自己對環境造成哪些影響，而促成了《成長的極限》和《羅雷司》的出版。我們如果減少資源的使用量，例如少買幾件絲妮衣，那麼絨毛樹或許就來得及在被萬事樂的「超級斧頭伐木機」砍光前生長補充。同樣的，我們假如重複使用舊的絲妮衣，就能減慢絨毛樹被砍伐的速度。回收的重要性是三者當中最低的，因爲雖然「回收絲妮衣」能賦予絨毛樹葉其他用途，但重新製造的過程也需要運用能源和水。減量、回收、再利用（reduce, recycle, reuse），簡稱「3R」，就是對自然資源進行檢傷分流。

憑著 3R，我們能透過不同方式來降低廢氣排放量。如果人們減少化石燃料的使用，就當然能減低會改變氣候的溫室氣體排放量。我們需要盡一切力量，避免對大氣層「添加」更多溫室氣體。但我們也需要拿掉已經存在的溫室氣體，意思就是：光靠 3R 還不夠。

事實上，3R 教條可能有害，因爲「批量模式」的思考方式，局限了兒童（和第二章提過的科學家布萊茲．帕斯卡爾）的想法，使得他們因爲把「零」視爲「不可侵犯的底線」而認爲「負數不可能存在」。我們如果只遵循 3R 教條，就會把目前的大氣層溫室氣體濃度視爲不可侵犯的底線。就像我不用對以斯拉說明的，目前的溫室氣體濃度早已超出了科學家認爲的安全標準。

既然當前局勢已超出了地球所能負荷的標準，我們就需要先採取減法。我們該率先進行的「R」，必須是「移除」（remove）。

哥斯大黎加設定了碳中和這個目標後，開始尋找達成此目標的辦法。很顯然的，哥斯大黎加需要對大氣層「少添加」一些溫室氣體，就像班恩爲了減慢工作量加重的速度而搖晃「我拒絕」鈴鐺。但如果想在二〇二一年達成碳中和目標，他們就不能把已經在大氣層中的二氧化碳視爲不可侵犯的底線。

就像以斯拉在幼兒園學到的，樹木可以從大氣層中抽走二氧化碳。也因此，「重建林木」就是改善人類世的諸多辦法中 CP 值最高的一個。這尤其符合哥斯大黎加的情況，該國的氣候不僅適合密林生長，也擁有所需的龐大空地（因爲當地曾長期進行惹火羅雷司的伐木活動）。接下來，我們每個人都需要查看自己的人類世檢查表。林地復育或許並不適合你的國家、城市或後院，但很適合哥斯大黎加，而且在我們先採取減法、考慮有哪些辦法能「移除」溫室氣體的時候，也絕不能忽視林地復育這個做法。

謝謝你，Jenga 疊疊樂。

我們在這裡借用一下庫爾特·勒溫的思考方式：「移除溫室氣體」是重建氣候的「好」辦法。氣候工程專家們想出越來越多辦法來逆轉氣候變遷的影響，他們的方式是介入一些複雜的地球系統（我們就是輕而易舉地破壞了這些系統的平衡）。

其中一些辦法如下：一隊飛機可以在大氣層中噴灑氣懸膠體，以阻擋陽光抵達地面。在太空中裝設鏡面，把陽光反射回去，達成類似的阻擋陽光作用。其他辦法則是降低地球表面的色調，以便反射更多陽光。還有個辦法是把大量的鐵屑倒進海裡，也是爲了試著改變某個難以預測的複雜系統而改變另一個。希望你已經注意到了，這些氣候工程提案都是「加法」。

庫爾特・勒溫承認過，減法與減法**並用**更可能促成我們想看見的行爲。但只有移除屏障，一套系統的壓力才必定能獲得減輕。跟以斯拉說「乖乖關掉 iPad 就能拿到餅乾」，他在關機時就比較不會鬧情緒。但他如果眞的鬧彆扭，就是源於「不能玩 iPad」以及「拿不到餅乾」兩者原因的結合。

雖然庫爾特・勒溫當時指的是社會情境，但這個「壓力原則」也適用於環境系統。在大氣層中噴灑氣懸膠體，這麼做就像提供餅乾獎勵，雖然也許能降低全球暖化，但也絕對會給大氣層添加更多的人造物，而這將爲下一個難以預見的情況添加壓力和不確定性。地球這套系統支持著人類的生命，我們在這套系統中演化、繁榮，後來卻嚴重地破壞了它，因此在試著重建這套系統時，「不確定性」越低越好。

也許氣候工程能幫忙修復我們的共同財產。客觀來說，有些提案確實先考慮了減法，提議從大氣層中移除二氧化碳。在我看來，就連加法式選項也應該擺在桌上思索。但如果在氣候工程中忽視減法，這就成了典型的愚昧：抱著當初引發某個問題的心態來面對這個問題。

第三步，是堅持於可見的精簡。正如我們已經見到的，減法面對著「公關」方面的問題。無論是哈林區一棟褐沙石房屋被改建成袖珍公園，或是編輯拿掉一個不必要的形容詞，被減去的東西就不會再出現在人們眼前。

而這種「可見度」的挑戰，在人類世中成了大問題。減法不僅是看不見的，而且一項改變本身，無論來自加法還是減法，通常要隨著時空才會漸漸擴散。正如我們的感官能幫自己注意到天氣變化，如果想注意到氣候變遷，就需要進行長時間的嚴密觀察，然後最好把這些測量結果簡化成塔夫特風格的圖表。不管你爲了穩定氣候而採取多少措施，就算購買電動車，安裝太陽能板，在後院種樹，人類的感官都無法讓你知道自己提供了多少幫助。

哥斯大黎加也面對著同樣的挑戰。人們也許會注意到森林持續成長，但不會有人看得見大氣層裡的二氧化碳變少。「溫室氣體減量」是看不見的，而且其成效要很久以後才會顯現。

想讓無形又遙遠的改變更容易被注意到的辦法之一就是「想像它會是什麼模樣」。在一項實驗中，與自己的年邁身影互動的那些人，能比不這麼做的另一群人省下更多錢。如果把這個想法從「省錢」延伸到「救地球」，「想像遠景」的做法是依據某個邏輯：我們越是清楚地想像自己想要的人類世未來，就越可能讓它成眞。

哥斯大黎加想在二〇二一年達成碳中和目標，具有雙重用意。這項計畫不僅引導出如何改善一套複雜系統的本質，也成爲能讓這些變化更爲可見的願景宣言。哥斯大黎加不僅正在減少溫室氣體排放，也同時予以移除，而且會繼續進行減法，直到全國達成碳中和。他們不僅要做到碳中和，也承諾會在二〇二一年就達成這個目標，比其他國家都快。

二〇二一年目標激勵了哥斯大黎加的人民，該目標的可見度也激勵了其他國家，讓他們能夠仿效。如果沒人仿效布魯斯·史普林斯汀和凱特·奧福，搖滾樂和造景建築就不會改變；如果沒人仿效哥斯大黎加，人類世就不會改變。甚至在哥斯大黎加開始認眞地爲碳中和努力前，該國每年排入大氣層的溫室氣體也只占全世界的〇・〇二%。

但透過二〇二一年的願景，哥斯大黎加讓自己的努力變得看得見，甚至能讓其他人仿效。就像蘇・比爾曼獲得勝利後，其他地區也仿效「拆除公路高速」，越來越多人正在更積極進行與氣候相關議題的努力。包括德國、英國和荷蘭在內的一些國家，承諾要在二〇五〇年之前達成碳中和。亞馬遜公司承諾要在二〇四〇年達成碳中和（亞馬遜雨林正在貢獻一己之力）。憑著大膽的願景，哥斯大黎加給了全世界「看得見也可複製」的「減法」。

大膽願景的缺點是，越大膽的願景就越難成眞。的確，哥斯大黎加已經把二〇二一年目標推遲到二〇五〇年，這個時程和其他國家一樣。儘管如此，該國的大膽想像力給「邁向減法之路」帶來了眞正的進展：幾乎所有電力都來自可再生來源；森林繼續移除溫室氣體；一個應該成爲流行趨勢的「停辦」活動是該國停止開採石油。哥斯大黎加因爲這些「堅持於可見的精簡」，被視爲世上最環保的國家，而吸引了大批觀光客，這也是該國透過「減法」而獲得回報的方式之一。

一

簡化表上的最後一個步驟，就是「重複使用滅法成果」。就像甜甜圈的洞，我們該想想是否能把「移除出來的東西」重新用作投資。

從哥斯大黎加的大氣層裡抽出的二氧化碳被轉換成森林，這都要感謝歷史悠久又可靠的光合作用。這些森林進而吸引來自世界各地的遊客。我爸媽寄了雨林樹懶的相片給以斯拉，我看到的是另一個跟氣候變遷有密切關係的人類世狀況獲得改善，那個人類世狀況是：世上有一半的物種很可能在以斯拉的世代滅絕。

蘇斯博士在《羅雷司》一書中，暗指了滅絕的問題。以斯拉狐疑地詢問，吟唱魚在「用鰭行走，疲憊地尋找還算乾淨的水源」這條路上能撐多久。我們現代人的掠奪比萬事樂的還惡劣。人類擁有了道路、城市、被剷平的森林、被改道的河流，最嚴重的是扭曲了氣候。沒錯，滅絕是物競天擇的一部分，但目前的速度比正常速度快了數千倍。大滅絕會破壞整個生態系統的穩定性，直到我們看不見任何一棵絨毛樹，也看不見其他生命爲止。然而，從大氣層中抽出的二氧化碳經過重複使用，用來餵養森林時，生物就能有更多生存空間。

哥斯大黎加透過「可見的精簡」所獲得的報酬，充分展示於樹林和其他生物的多樣性。可是萬事樂一開始最在乎的「經濟」怎麼辦？

蘇斯博士給絲妮衣訂的價格是三塊九毛八，這個數字也象徵我們給這個世界增加了多少東西。作者清楚表達了對「猖獗的消費主義」的觀點：萬事樂從囂張的推銷員——「絲妮衣是大家都需要的好東西」——變成寂寞的過氣商人，關閉的工廠周圍是酸臭的空氣和橫生的黑草。就連幼兒園兒童也知道這不是進步。

然而，整起「絲妮衣愚行」確實能增加GDP。賣出一大堆絲妮衣，蓋了一座工廠，而且有一段時間是「萬事樂全家都在拚命趕工」。GDP是我們最具影響力也最直截了當的成長指標，它喜愛「更多」。如果對絨毛樹產品的熱愛也發生在我們自家後院，市場就會認定這是成功，不管環境是否遭受汙染。

GDP並不是自古以來都是這麼強大的加法式力量。在第二次世界大戰期間，因爲需要計算戰爭開銷，原本「計算工人拿到多少工資」的方式被拿來計算「國內添加了多少商品」。大戰結束後，GDP的標竿地位開始跟「多多益善」道德觀畫上等號。透過馬歇爾計畫尋求支援的諸國，必須提供各自的預估GDP。聯合國設計出一套範本，讓成員國用於報告各自的GDP。在今日，GDP成長幾乎是每個政府的目標。

GDP確實能提供當初被設計出來的目的，但也僅此而已。它能用來計算產值，但無法計算社會福祉。也因此，它忽視了一些有用的「更少」。

GDP能計算看一次病要花多少錢，但無法計算患者的後續結果。因爲導管感染而住院的患者，其醫藥費會高過順利出院的患者。同樣的，GDP很難測量我們在想法上的進步。不管透過網路搜尋而得到多少實際價值，只要我們是免費使用Google，這個舉動就不被列入GDP計算。開源工作也一樣，例如爲維基百科提供貢獻。

這種測量方式不僅忽視了有用的「更少」，而且計算有害的「更多」。萬事樂對絨毛樹山谷進行的短暫但造成災難的剝削，確實使得GDP成長。但是颶風、漏油事件、建造監獄，以及效率低落的政府花費，也能讓GDP成長。

我們想要的東西，像安定、健康的環境、健康的孩子，都沒列入GDP這種國家統計計算，而且甚至會把GDP往下拉。我們的人類世會計應該反映生活品質和環境品質的改變，但這方面說來容易做來難。

想修改測量方式，我們就必須提出關於「大眾福祉」的艱難問題。相反的，把聯合國提出的人類發展指數（HDI）納入考慮，也不像只是計算GDP那樣簡單。爲了測量人類發展，國家必須記錄並整理許多指標，例如預期壽命、教育，以及人均收入。蒐集這麼多資料並不容易，但至少所採用的指標都獲得了諸國的同意。關於人類發展的其他層面，例如心理健康和社群生活，則是從一開始就很難測量。

但有個問題是，我們在這裡討論的只是「測量」。既然我們這個物種聰明到會想到在太空中添加反射鏡，就應該有能力測量重要的東西。

GDP鼓勵我們採用加法，但其他標竿地位也能透過減法帶來獎勵。哥斯大黎加給自己進行的「碳移除」，以及國內森林提供的「碳儲存」，指派了經濟價值。按照這個標準，萬事樂的絲妮衣工廠想必遠遠好過絨毛樹山谷，不只是暫時性的好過「什麼也沒有」。透過這種經過修改的測量方式，哥斯大黎加能鼓勵農夫種樹而非砍樹。

也許哥斯大黎加的人民只是過度天真，畢竟這個國家在一九四九年取消了軍隊，把軍事資金投入教育、健康、養老金，甚至美術館。該國的人均GDP是每人一萬兩千美金，美國的則大約六萬五千美金。一個較不積極的氣候行動方案也許能改善GDP，而軍隊一定能改善GDP。

相較之下，哥斯大黎加調整過的花錢方式，改善了民眾的識字率和健康，該國人民的預期壽命因此比美國人更長。也許他們在人類世中進行的減法值得我們學習。

3

爲了讓人們能夠方便看見減法產生的進展，大家可以觀察以下作爲：中美洲的大規模重新造林；設定「二氧化碳的平衡加法與減法」的國家願景；對所有石油開採進行停辦；改變測量方式等。我很清楚，這些改變不是我們任何人能單方面做到的。這是很艱難的策略工作，需要很多人齊心協力。更重要的是，不同情況需要不同改變；我們也許不需要在美國中西部進行重新造林，而是應該透過風力發動機進行「碳截存」（carbon-sequestering）。

那麼，我們究竟該爲人類世留下什麼遺產？

我了解有些人希望能被告知：「想修補氣候變遷，就採取 XX 行動」。如果我覺得眞的有所謂的「XX 行動」，就絕不會等到現在才分享給大家。我會用粗大字體把它寫在這本書的封面上，也寫在書裡頭的每一頁上。話雖如此，我確實學到一個道理：我們需要留下選項。

「復原力專案」（Resilience Project）是前所未有的五年合作案，成員包括來自世界各地的頂尖生態學家、經濟學家、社會學家和數學家。這些科學家明白我們的環境危機是系統性的，也了解諸多系統既複雜又難以預測，因此沒提出任何具有誤導性的特定解決方案，反倒是提出了一個廣義的辦法：「我們應該努力把一套系統中能被改變的內在潛力最大化，因爲這個潛力會決定未來有多少可能選項。」

這些科學家就像凱特・奧福那樣扭轉了減法，因爲「將內在潛力最大化」聽起來好過「減去不必要的東西」。但想提升一座城市的改變潛力，意思就是拆除一條飽和的高速公路。希望把一個社會的內在潛力最大化，意味著減去種族主義。想爲後人留下最有用的集體知識，就需要修剪當代的一些誤解。換言之，我們的人類世治療法就是採用減法。

期盼爲後人留下選擇，就是指我們必須收拾自己的爛攤子。人類可以移除我們加入這套系統裡的有害扭曲，這是改變狀況的好辦法。就像里歐・羅賓森、Run-DMC 和伊布拉・肯迪能幫我們辨識並推翻種族主義，而我們需要辨識並推翻剝削自己的共同未來的無形結構。

正如南非大主教戴斯蒙·屠圖推薦過的方式，我們可以採取撤資。屠圖之前因爲推翻種族隔離制度而贏得了諾貝爾和平獎。他獲得第二次提名，是因爲他曾大力提倡「想對付最糟糕的碳排放者，就使用在南非成功的策略」。你如果停止對一個實行種族隔離制度的國家投資數十億美金的話，想推翻該國的種族隔離制度就會更容易；同樣的，改善地球的一個好辦法，是停止爲「破壞地球者」提供資金。這方面的機會多的是。就在這一刻，全世界對化石燃料公司的投資，所產生的溫室氣體比科學家判定的安全範圍多出五倍。

就像對種族隔離制度國家進行撤資，加州大學很早就撤走了化石燃料投資的股票。正如對種族隔離制度撤資，教宗呼籲所有天主教徒也這麼做。比爾·麥奇本主教是環保主義者、作家兼社會運動者，他把自己的人生簡化成「促使更多機構和公司進行撤資」。愛爾蘭、蓋茲基金會，以及數百個宗教組織都呼應了這個號召。

我們爲後人留下選項的辦法，就是減去有害的想法和政策，以及收拾自己的爛攤子。人們希望後人記住自己，而其中一個辦法就是留下我們認爲能存在很久的有形之物。這種心態很正常，但我們必須謹慎。如果只是爲後人留下老舊的房子、紀念碑和埃克森石油公司的股票，這等於製造了一棟「地球規模」的科利爾褐沙石房屋。想爲後人留下選項，我們就必須刪減一些東西。

在蘇斯的故事尾聲，我們看到年邁的萬事樂獲得的領悟，很像復原力專案的科學家們想留下的東西。萬事樂把自己的遺產留給了一個來找他見面的男孩，但給的不是自己的工廠、老舊的機械，或者其他舊東西。爲了改變未來的生態系統，萬事樂意識到最好的工具就是最後一顆絨毛樹種子，他也交給了男孩。而爲了改善未來的人類系統，萬事樂留下了自己的故事。他依然擁有企業家的層面；他向好奇男孩收取的費用是「十五分錢、一支鐵釘，以及一隻曾曾曾祖父蝸牛的外殼」。然而，透過遠低於一件絲妮衣的價格，男孩得到了萬事樂花了一輩子領悟的智慧。

就像復原力專案科學家們和萬事樂取得的結論：我們應該爲後人留下「潛力」。透過減法，我們就能留下稱爲「機會」的遺產。就連專注於成長的杜魯門也承認這個道理：「我們能用來幫助他人的物質資源，是有限的。但我們在科技方面的無限資源不僅持續成長，也用之不竭。」「物」有限，但「人」則未必。

第八章

從資訊到智慧

透過減法來學習

1

中國哲學家老子曾建議：「爲學日益，爲道日損」。

老子這項建議雖然已有數千年歷史，卻符合現代。減法不僅是人類世中的生存技能，也是方便我們面對資訊時代的生活祕訣。

卡爾·紐波特在所撰寫的文章〈電子郵件是否害教授們變笨？〉（Is Email Making Professors Stupid ?）中，指出現代人若忽略老子的建議會產生哪些問題；該文先刊登於《高等教育紀事報》，後來出現在推特和一些內容雜亂的網站上，之後也進了教授們的收件匣。該文章指出，電子郵件雖然在某些方面能幫助教授，但持續往來的信上閒談也妨礙了「專心思考」的寶貴時間。許多工作都需要「思考時間」，這就是爲什麼萊斯利·佩洛曾試圖爲一些軟體工程師解決「時間饑荒」的問題。但對教授們來說，在一段時間裡是否分心會決定教授能否把工作做好或眞的成了笨蛋。爲了管理大量訊息，我們犧牲了自己能「專心觀察某個想法」的能力。

因爲我和學校裡許多部門都有關聯，所以同一篇文章進了我的收件匣三次，每次都立刻引發許多人透過電子郵件來發表評論。幸好，我還來不及加入這三條討論串前，一個敏銳的同事指出這個諷刺的事實：教授們竟然透過電子郵件來討論一篇「關於電子郵件」的文章。

不是只有教授這樣折磨自己。平均來說，一個美國人每天會遇到十萬字，這個數量超過我這本書英文版的字數。在一個「網路分鐘」（internet minute）裡（這個名詞大約在二〇一七年出現），網路上會出現五十萬條推特推文，以及三百多萬項 Google 搜尋。我們製造電子郵件的速度有多快？一億五千六百萬封——每分鐘。

人們都知道這個問題。我們常常討論資訊疲勞和資訊過量負荷，可能會嘗試資訊節食（也就是「科技節食」）。但如果節食無效，我們或許會尋求「資訊清除」。現代人常常使用「資訊過多」（too much information）這個片語，「TMI」這個縮寫不僅出現在簡訊和口說語言中，甚至也進了舊媒體的字典裡。諷刺的是，TMI縮寫本身就充滿資訊，把原本需要按鍵盤二十次的流程濃縮成三次。

資訊過多威脅我們的精神健康，像是收到一連串電子郵件而感到厭煩，或在購物時面對太多選擇而不知所措。資訊過多影響了正常民主制度所需要的全民參與；民眾被太多或好或壞的資訊淹沒，因此很難把「訊息」和「雜訊」分開來。我們可以系統性的考慮每一種嬰兒床墊的優點，或了解每個候選人在氣候變遷上所提出的政見細節（可怕的是，有些候選人根本沒有這方面的政見），但我們沒辦法什麼都做。

我們在一個時間點只能處理一定分量的資訊，這方面的限制是出自於生理因素。我們這方面的能力，大約介於每秒處理六十到一百二十個位元（電腦上一個字母的大小大約是八位元），足夠讓我們每次跟一個人面對面交談，但沒辦法跟兩個人。既然資訊處理能力一次只能應付一個情況，意思就是人們沒辦法一心二用。早在電子郵件出現前，「滿意即可」這方面的權威賀伯．賽門就做過觀察：「充裕資訊會造成注意力貧瘠。」

資訊過多會占據心智頻寬，造成各式各樣的貧瘠。作者埃爾達．夏菲爾和森迪爾．穆蘭納珊在合著的《匱乏經濟學》一書中，顛覆了我們對「經濟貧困和不良決策之相關性」的了解。夏菲爾是普林斯頓大學的心理學教授，穆蘭納珊是哈佛大學的經濟學教授，這兩人發現窮人確實更可能做出不良決策。看到這裡，這個理論似乎很適合那些「把窮困的原因怪在窮人頭上」的人。

然而，夏菲爾和穆蘭納珊都表示應該扭轉這種常見的推論。並不是「不良決策」造成一個人貧困，而是身爲窮人的認知效果導致了不良決策。一個女高中生如果被迫把心智頻寬拿來考慮「幫弟弟妹妹買食物 vs. 幫自己買課本」，就會很難有心力思考那些課本裡的內容。更重要的是，因爲她的心智頻寬已經被「課本 vs. 食物」的兩難問題所占據，就沒多少空間處理自身狀況的新資訊，例如某個慈善計畫能提供免費課本。

窮人常常被困在這種「心智匱乏」當中，而老子和赫伯特．賽門的建議是：我們這些人有能力來改善這個問題。

資訊對於我們這個時代很重要，就像鐵器在鐵器時代的重要性。在鐵器時代，擁有鐵器是特權，也具有某種可能性。關於我們人類的走向，最充滿希望的消息，大概是「資訊成長」快過「能源使用」和「溫室氣體」增加的速度。不同於化石燃料或氣候公共資源，「資訊」是用之不竭的資源。儘管如此，想讓資訊改善地球或其他層面，我們就需要運用資訊。

但現代的加法工具，例如電子郵件和推特，對這方面沒有幫助。資訊過多的感受，其實沒有我們所想的那麼新奇。賽門寫道：「人們完全無法適應有廣播系統和影印機的世界。」在影印機出現前，促使「多多益善」道德觀出現的凱恩斯指出：能讓人類獲益的一個做法，是減少「比較沒有用的資訊」。而這些經過刪減的資訊能被整理成凱恩斯所謂的「可信的書籍目錄」，該名稱從羅馬天主教禁止教徒閱讀的《禁書目錄》借用而來，除非這些目錄中的書裡某些段落已被刪除或修訂。

雖然當時的書籍是由人工抄寫而極其寶貴，但《希伯來聖經》提出警告：「著作是沒有窮盡的；讀過多書會使你身體疲乏。」羅馬斯多葛派哲學家塞內卡認爲資訊充滿威脅，因此在提供道德建議的一百二十四封信件中的第二封裡，描述「關於閱讀的推論」，他警告道：如果閱讀太多書，會對心智頻寬造成太多負擔，當事人將因此無法面對新的狀況。

歷史學家安妮．布萊爾（Ann Blair）在所著的《知之甚少》（*Too Much to Know*）一書中表示，人類已經找到辦法來儲存、概述，以及整理資訊，我們現在也這麼做。在這方面，電腦伺服器的功能其實很接近文藝復興時期的博物館和圖書館。維基百科式的摘要式說明，也是源自實體百科全書。Google 整理全球資訊的方式很接近字母順序排列法，又稱「杜威十進位圖書分類法」。

除了整理資訊之外，我們也可以減慢加法的速度。愛德華．塔夫特透過「滿意即可後的資訊設計」來教導人們：避免使用 PowerPoint，因爲其便利性會讓人想塞進一大堆幻燈片、重點式圖表，以及其他形式的非資訊墨水。在我和許多人心目中，最棒的創造性非虛構文學作家約翰．麥克菲始終使用機械打字機，從沒改用電腦文字編輯器。海明威則是只用一支鉛筆，減慢了「增加資訊」的速度，但依然適合加法的進行（鉛筆的橡皮擦部分遠比炭芯部分更短）。

儲存、概述和整理都不是減法。資訊方面上的減慢速度，就像班恩搖晃「我拒絕」鈴鐺。但是布萊爾也發現了一個你會認得的歷史策略：**選擇**。就像大自然會在加法和減法之間取得平衡，我們也需要在「產生資訊」和「選擇哪些資訊有重要性與用處」之間獲得平衡。選擇能減輕「充裕資訊 vs. 注意力貧瘠」之間的緊張關係。

布萊爾針對這種分類方式提出了務實建議。她描述《百科全書，或科學、藝術和工藝詳解辭典》（*Encyclopédie*）的編輯們採用了何種「篩選器」，這套作品是由十七本按照字母順序排列、記載著啓蒙思想的書籍組成，其作者們認爲，這套作品中的資訊應該足以讓一個社會在經歷大災難後重建；他們如果認爲一筆資訊與這個目標無關，就會刪掉它。雖然這種「關聯性」方面的標準很高，但無論目標是什麼，背後的原則都一樣。

無論目標是重建社會，還是管理電子收件匣，「選擇」都要求我們分辨哪些是瑣碎數據，何爲資訊。被垃圾信件過濾器攔下來的電子郵件大多都只是「數據」，而不是「資訊」。在某些案例上，數據和資訊之間的差異是由使用者決定。對我大多數的同事來說，一封警告「到底是誰把三明治留在茶水間的冰箱裡發霉」的電子郵件，當然只是數據，但少數同事喜歡在這件事上扮演偵探。最簡單的選擇過濾器就是：如果你用不到某個數據，那它就絕對不是資訊。

在另一些案例上，問題不是數據或資訊，而是某一筆資訊是否值得被儲存。我們的減法能力能協助這些決策。正如萊恩．麥克法蘭思索了他兩歲孩子的狀況，而對腳踏車進行了減法，我們如果考慮人類的狀況，就能判斷該從心智頻寬和其他環境中刪掉哪些數據，甚至是資訊。例如，我們這些教授常常要求學生學習新的議題，但常常避開關於「現有議題相對價値」的相關重要疑問。我們如果先考慮學生的狀況，就會迫使自己提出這些困難的疑問，而且面對一個眞相：「注意力貧瘠」無益於學習。在一些極端案例上，「資訊過多」不僅給學生的心智頻寬造成負擔，也會導致學生相信「唯有作弊才能滿足被加諸己身的要求」。我們已經看過陸軍軍官因爲工作量過大而走捷徑，而學生如果必須學習太多東西，也會做出同樣的舉動。

教授和一般人不願刪減資訊的原因之一，是出自直覺地先專注於產出者的成本，然後才是使用者的成本。樂高就是透過這種兩面思考，來判斷出可以用四十塊美金（製造者的成本）做出由一千一百個零件組成的機器人，而且家長願意花九十塊美金（使用者效益的價值）買下。

但在樂高和其他交易上，使用者也必須承受成本。對物質東西來說，比起消費者爲商品付出的代價，這些成本通常是可忽視的。我必須走到屋外才能把樂高紙盒丟進回收箱，我雖然不喜歡這個活動，但它也不是很沉重的成本。

然而，如果是關於資訊的交易，使用者承受的成本大多並不在這筆交易的範圍內。就因爲這個原因，我很高興你還沒把這本書放下。創造、蒐集、撰寫、編輯、行銷並配送這本書中的資訊，這是一回事。你買下這本書的時候，已經爲這些成本付了錢。但「使用資訊」的整體成本，也包括你閱讀這本書所付出的時間。不管你閱讀的速度有多快，不管你認爲自己每小時的時間價值是十五塊、一百五十塊，還是一千五百塊美金，你投資於這本書的時間價值，是你買書費用的好幾倍。

爲了駕馭資訊特權的好處，我們就需要掌握製造者和使用者產生的所有成本。我那個寄出〈電子郵件是否害教授們變笨？〉的教授朋友，理所當然地對此感到惱火。「電子郵件過量」是他在教職員會議和走廊談話中發表的演講之一；然而，他覺得自己的訊息沒有被表達出去的時候，看看他做了什麼：他給訊息添加了更多資訊。他把那封電子郵件轉寄出去，就等於給他「試著保護的那群人」的收件匣增加了三十五封「占據心智頻寬」的信件。

資訊的「機會成本」也不是什麼新議題。凱恩斯是在一百年前提出「可信的書籍目錄」，而從那之後，圖書館員爲了騰出空間放新書，得判定哪些書籍該被丟掉。就像凱特·奧福採取的清理、雕鑿和揭露，圖書館員也採用了扭轉手法，把這種改變稱爲「修剪」，而非「減法」。

如果你跟我一樣，會覺得一本書被修剪掉，就算它是自己永遠不會讀的書，就是一場悲劇。但是圖書館員知道修剪的必要性。若不進行修剪，另一個選擇就是「製漿」：無差別地把一整排書送去工廠，將它們拆開，融化在某種混濁液體裡，然後重新做成紙張。英國的曼徹斯特中央圖書館有二十萬本非虛構書籍被送去製漿的時候，圖書館人員們難過得掉淚，把那稱爲「工業規模的文化破壞」。是誰說一本已經十年沒人借過的書就不能給人帶來喜悅，或成爲文明重建的依據？修剪書本很像大腦裡的「突觸修剪」，而製漿則像「前額葉切斷術」。

無論是書架、收件匣或大腦，刻意並定期地對資訊進行減法，遠遠好過另一種下場。我們如果不睡覺，突觸無法被修剪，大腦就會負荷過重而效能降低。如果人們在清醒時不刻意地選擇資訊，下場就是經典文學被送去製漿，資訊過量負荷造成焦慮，聰明的教授寄出關於「電子郵件害教授變笨」的電子郵件。

好消息是，我們如果從心智儲藏室裡刪減一些資訊，思考能力就會提高，就像關掉電腦裡一個很耗費記憶體的程式。效能優化後，我們就能產生新知識，甚至將其提煉成智慧。

2

我在唸工程學學士學位的時候，發現機械學的課程是我最大的障礙。機械學這門物理學，是研究處於靜態和動態的物體，我需要把數字套用在公式上，也必需能在腦海中看見相關概念能如何在真實世界中運作。這堂課充滿挑戰性，而我如果無法過關，就不可能能繼續修後續的課程。

第一堂機械學課的期末考到來之前，我一直沒能越過這道鴻溝，我當時的平均成績是 C。那堂課的講師是維斯克米教授，他真的很希望我們能成功過關，但我們必須靠實力贏得。他教過數以千計的學生，每堂課教二十五人，已經這樣教了三十多年。他當時已經清楚聲明：他不會降低整體的評分標準，我們去他辦公室請教他問題也拿不到額外分數，更不能哀求他調整評分標準。

我在進教室準備參加期末考的那一刻，是這輩子第一次知道自己很有可能沒辦法及格。如果眞的發生這種事，我有兩個選擇：推遲拿到學位的進度（因此必須拜託我爸媽多付一學期的學費），隔年再修一次這堂課，不然就是改唸不用修機械學的其他主修。

維斯克米教授每次發回考卷前，會先在黑板上寫下得分最高和最低的兩個分數，害我們忍不住猜這兩個分數的得主是誰。在那場決定生死的期末考後，他在黑板上寫下98和47。

然後他看著我，一臉得意洋洋。

同學們嘲笑我，也戲謔他們認爲考了九十八分的那個學生。我感到驚訝，因爲沒想到維斯克米教授會嘲笑自己的低分，也因爲沒想到自己會考這麼差。儘管如此，他發回考卷時，我已經在考慮哪些主修能讓我有更多時間踢足球，而且能讓我不再踏進八〇%都是男學生的教室。這個愉快的白日夢沒做太久就結束了。我拿回考卷時，才明白維斯克米教授爲何對我笑。我考了九十八分。

我爲期末考做了什麼改變？我上課、唸書，做了作業裡的練習題，但整個學期都持續做這些事，平均成績卻只是C。有所改變的，是我在期末考前的某個時間點，開始在腦海中把這堂課削減到只剩本質。我找到了「可見的精簡」。

如果你聰明到沒主修工程學，那我向你大略說明：第一堂機械學課（通常稱為「靜態課」）的本質，就是把牛頓第二運動定律應用在處於靜態或以等速度運動的物體上。一個很簡單的概念能描述這些情境：外力等於質量乘以加速度，公式寫成 F = ma。這條公式就能讓自己導出我需要的一切、背後的概念，以及在分析「外力如何影響物體」這件事上的幾條規則。在期末考之前，我不再背誦其他幾十條公式和離題的概念，就是因為採用了加法而害自己陷入「一戰定生死」的困境。

正如我當初不再想著能被導出的其他公式，你也可以不再想著剛剛那些關於機械學的段落，你只需要記住這點：我就是丟掉了一些比較沒用的概念，而取得了突破。維斯克米教授那堂課確實嚇人，但從核心來看，它跟任何一堂架構良好的課程沒有任何分別。他教授了許多應用方式，但都來自同樣幾個基本概念。我不需要知道一大堆外力、質量和加速度，我只需要知道 F = ma 公式。

無論哪個領域，我們都在學習的同時建立心智模型。人們觀察不同概念之間的關係，並使用它們來表達現實世界。想在這方面更有效率，我們就必須像大自然和林瓔那樣**同時採用**加法和減法。當然，我們也需要對自己的心智模型添加細節。然而，想找到本質，我們就需要刪減一套系統中的諸多元素。把比較沒用的想法修剪掉，重要的想法就能成長茁壯。

「刻意進行減法」是上上策，但我們也可以將「資訊修剪」自動化，這樣就能避開製漿。我最喜歡的一個「少即多」的生產力技巧，是少寫一些筆記，這就像你把衣櫃裡已經一整年沒穿過的衣服全都丟掉。在這兩個案例上，你都會被迫從「不重要的內容」中，過濾出「重要內容」。如果一件毛衣很有價值，我一定會常常穿它。如果一個想法值得被保存下來，我就會常常想到它，不用筆記簿也能記住。

我現在還是會把一些事情寫下來。我會寫下待辦事項，以免得罪家裡的莫妮卡和辦公室裡的同事，我寫筆記也是爲了整理想法，但會把更重大的想法交給大腦去記。我不需要寫下「人們忽視減法」這句話來提醒自己，因爲我的團隊進行的實驗經常揭露這項發現。我的微膠細胞不可能會把這項見解修剪掉。

打從我開始少寫筆記，就不用再浪費時間試著整理一些舊想法，它們是我的潛意識腦本來就會修剪掉的內容。這讓我有更多時間處理好想法。我也不認爲自己忘掉了任何重要的東西——雖然我如果眞的忘掉了，現在也當然不會知道。

3

把瑣碎概念修剪掉，這幫助我通過了機械學難關，以及之後的所有關卡。過濾掉比較沒用的資訊，也能保護我們的收件匣和心智頻寬。光是這點就能說服人，但讓我們先繼續堅持這種簡化。因爲如果我們能學會刪減掉錯誤想法，就能得到一種罕見力量。

爲了明白上述理由，我現在向你說明，爲什麼我在以斯拉的遊樂場上，放了三輛嶄新的黃色玩具砂石車，但他的老師卡菈小姐從沒謝我。最近滿兩歲半的以斯拉開始去上一所「大孩子」的幼兒園。他之前那家托兒中心有一大堆玩具砂石車，但是卡菈小姐的學校只有一輛生鏽的玩具卡車，而且最近連保險桿都掉了。我把這視爲問題。兩歲半的孩子，無論男女，就是喜歡推著玩具砂石車跑，他們小腿上的瘀青能證明這點。這個活動非常適合他們還發展不穩定的行走能力，以及他們想推動大型物體來炫耀能力的本能。

因爲幼兒園老師是最高等的人類，所以「卡菈小姐沒對我說謝謝」這件事就具有重大意義。我顯然做錯了什麼。我後來才明白，自己提供的玩具砂石車破壞了她精心設計的遊樂場學習環境。

卡菈小姐知道兩歲半孩子超愛砂石車，而這就是爲什麼學校裡只有一輛。但她也知道，如果學校有太多玩具卡車，以斯拉就會像在前一所學校那樣成天推著它們跑。而如果以斯拉成天只推著砂石車跑，就會錯過使用遊樂場上爲他安排的其他工具的機會：用來堆疊的木板、牛奶箱、可以躲藏的黑色排水管、球、草皮、沙、石頭、水，而且某些日子是放紙飛機、布翅膀、可以吹泡泡，以及用小蘇打粉和醋做成的火山。

教育學者認爲幼兒園學生和一般人應該以建構主義的方式來學習。簡單來說，我們會依據環境和心智之間的互動來「建構」事物的意義。以斯拉在推著砂石車跑的時候，就只能從這個單一狀況來建構意義。他沒經歷到「在潮濕的石頭上打滑」而感受到的摩擦力。他沒體驗到熱力學：黑色排水管吸收了太陽的能量，成了遊樂場上最溫熱的躲藏處。他沒因牛奶箱組成的瞭望塔倒塌而體驗到地心引力和離心力。當新學校的遊樂場讓他體驗到這一切的時候，他就得到了許多新的實質經驗，並藉此建構知識。

實質情況並非是讓我們建立意義的唯一情況。學校只有一輛玩具砂石車，就表示學生們必須懂得分享，或至少決定使用這個玩具的順序；以斯拉排第二，也因此很快地跟排第一的馬爾康成了朋友。分享（或是不要分享）只是第一步。當覆蓋半個遊樂場、宛如沙灘的沙盒出現水坑時，幼兒園孩子們就成了彼此合作的小小工程師，挖掘渠道，讓水能在各個水坑之間流動。

我注意到這個遊樂場促成了某種非常先進的行爲，而且這讓我聯想到自己先前提過的理論：人類其實是先建造紀念性建築，然後文明才展開。在大肚子山丘上，那些巨大的岩石紀念碑體積過於龐大，不可能單靠一支狩獵採集團隊雕鑿、移動。在以斯拉的遊樂場上，用於堆疊的木板大得沒辦法由孩子獨自搬動，所以才產生大家彼此合作的機會。

不管我們小時候的遊樂場有多少輛玩具砂石車，人們在長大後終究會對宇宙的定律產生一些想法。我們在朋友、老師和關於減法的書籍的幫助下，獲得了一些知識。無論這些見解從哪來，建構主義中的**建構**指的是：我們先建立一些關於「這個世界如何運作」的想法，然後在這之上添加新的資訊，藉此建造知識。我們的新想法是豎立在舊想法上。

從個體來看，我們的世界觀和個人觀，都是由想法所塑造。從集體來看，知識建構這種文化演化，讓我們獲得了人類獨特的優勢。就跟建立文明一樣，我們在建構知識上也傾向於採用加法。「知道某件事」好過「不知道這件事」。然而，就跟建立文明一樣，隨著我們擁有越多的想法，如果同時能「移除」一些想法，就能獲得更多機會和好處。

心智減法的巔峰，是移除「不再正確」或「打從一開始就不正確」的想法，但這麼做並不容易。學者們知道「移除錯誤想法，才能讓新想法建構於更穩定的基礎上」，因此花了很多時間找出相關做法。

不久前，學者們把一般人對世界的一些常見的錯誤理解，稱爲「天眞」物理學、「天眞」化學或「天眞」心理學，彷彿這些想法該由「啓蒙」科學家來糾正。無數個記錄成冊的「誤解」，扭曲了我們了解世界的方式，像是地心引力和氣候變遷背後的原理。如果我們能像切除癌細胞那樣移除這類錯誤想法，新想法就能很自然地取而代之。然而，這種想法太過天眞。

我們已經知道，人類在許多領域上都忽視了減法，而在知識建構上也不例外。我舉個例子：以斯拉有次收到聖誕老人贈送的預先組裝樂高消防車。這個新奇的經歷跟他建構至今的知識產生了衝突。這時候的以斯拉，已經很熟悉關於聖誕老人、小精靈和木工坊的故事。他也知道聖誕老人沒有製造樂高所需的塑膠零件工廠。

所以，以斯拉問我：「聖誕老人是怎麼做出我的樂高？」的時候，我必須趕緊給個說法。

「噢，樂高之類的東西嘛，聖誕老人是直接跟亞馬遜購物網合作。」

兒子接受了我的答覆，部分原因是，「聖誕老人把樂高需求外包給電子商務公司」符合他對這個世界已知的了解。但另一個更強大的因素是，我的答覆並沒有要求他先減去自己對聖誕老人已建構的所有相關知識。

緊抱既有想法不放的那些人，並不僅限於聖誕老人的忠實信徒。一九五四年，庫爾特．勒溫的學生心理學家利昂．費斯廷格加入了一個邪教組織，該教派相信那年的十二月二十一日是世界末日。成爲該邪教成員的好處是，來自外太空的訪客會在世界終結前的午夜到來，護送信徒們登上一艘太空船。

費斯廷格這項聰明計畫無懈可擊，因爲第一個可能性是，他將獲得一個令人驚奇的個案研究，關於「人在看到反證的時候，原本的信念體系將如何改變」；而第二個可能性是，他能在世界終結時獲救。

世界末日沒來。然而，就跟以斯拉和聖誕老人一樣，那些邪教成員的想法其實並沒有錯。費斯廷格後來表示，那天過了午夜之後的幾分鐘裡，該團體討論世界末日究竟是按照哪個時區的時間計算。然後他們默默坐著，幾小時過去了，外星救命恩人並沒有出現。將近凌晨五點時，邪教首領獲得好消息：該團體因爲整晚坐著，因此說服了某個高等力量來保護這個世界免於毀滅。

費斯廷格獲得了想要的個案研究。該邪教的極端案例，指出我們會爲了避免腦子裡出現互相牴觸的兩個想法而做到什麼程度。我們沒有爲了化解衝突而刪掉錯誤的想法，而是扭曲了兩個想法。

你可以儘管嘲笑四歲孩童和邪教成員，但我們每個人都會抗拒刪掉錯誤想法。就連傑出的思想家愛默生也成了這方面的受害者。他指出想法和事物之間的關係：「想法只要稍微擴大……就能給外界事物造成最大的改變。」在事物方面，愛默生沒有限制改變的類型。但在想法方面，他只能允許一個想法「變大」。

沒人知道愛默生是不是眞的從沒考慮過刪減一些想法，但這種行爲實在普遍，教育家們因此放棄了試圖改變。《被重新構想的誤解》（*Misconceptions Reconceived*）這篇重要論文於一九九四年刊登於《學習科學雜誌》，提出了一個不同於主流思想的見解。該論文的作者們表示，我們應該聚焦於不同知識之間的相互關係，而不是試著找出「特別有缺陷的觀念」。如果採用這種手段，「找出學生們是把想法建構在哪些想法上」，無論這些想法是否正確，就依然是必要的。然而，這個策略不是修剪掉誤解，而是把它們視爲用於「認知成長」的資源。

這種「重新構想誤解」的做法有許多好處。如果著重於「刪除所有跟老師看法不一樣的想法」，這就等於低估了學生從日常經驗帶進教室的多元想法。來自弱勢族群的學生尤其常常被如此低估，他們因此覺得自己的文化不被接受或欣賞。相反的，透過「重新構想」策略，就不再有任何人被視為「天眞」，而「知識持有者」跟「知識學習者」之間的人爲區分就不再成立。沒錯，教師是持有學生所沒有的知識，但學生也持有教師所沒有的知識。「重新構想」確實更精確地代表著更眞實的學習過程。一個組織可能會改變，但它裡頭的諸多元素不會改變。

話雖如此，「接受誤解」確實減去了我們在學習時可能採用的一個辦法：減法。我們現在不再使用「取代」（移除一個原本存在的東西）這個詞彙，而是更傾向於用「容納」（accommodation）一詞，來描述「重新調整既有的想法，以便容納新的經驗」這個過程。我們建構新知識的方式是「容納」而非「移除」。

容納一個新想法，好過一開始就排斥它。以斯拉在意識到「聖誕老人的小精靈們不可能用手做出塑膠樂高」的時候，就確實離眞相更近一步。然而，我們如果不移除任何錯誤想法，就可能會扭曲新的想法。

4

孔恩在所著的《科學革命的結構》一書中，區分了我們在建構關於世界的集體想法時，所採用的「普通」過程和「革命性」過程。也難怪我這種學者覺得孔恩對科學領悟的剖析最爲犀利。《科學革命的結構》這部內容密集的論文，探討了「範例」「不可通約性」（incommensurability），以及「典範」之類的抽象概念，當時沒人想到這本著作會成爲二十世紀最具影響力的作品之一。

孔恩研究的，是人們從亞里斯多德的機械學（所有行爲都能在物體身上找到）轉變成伽利略論點的革命性過程。伽利略的看法比較接近我從維斯克米教授身上學到的東西，因爲它把摩擦力和地心引力之類的因素都納入考慮。

這種「想法轉變」上的革命性，改變的不只是人們如何學習科學，也改動了我們如何看待這個世界。伽利略和亞里斯多德如果有幸看著以斯拉在遊樂場上盪鞦韆，就會產生兩種不同的觀點。伽利略會觀察到以斯拉身上的慣性，以及加諸在他身上的諸多外力，像是地心引力、空氣阻力我提供的推動，以及他自己用雙腳出力。亞里斯多德則會看到一個男孩不斷被拉回原本從宇宙中心出發的原點。

透過歷史的眼鏡，我們清楚知道「想法上的重大改進」需要「減去一些知識」。沒錯，伽利略必須透過加法才能取得新發現，但他沒辦法只建構在亞里斯多德的發現上，而是必須分辨，然後拆解它們的基礎。

我們如果想接受在這本書裡得到的一些發現，就必須減去一些舊的想法。想把伊莉諾·歐斯壯的見解套用在「集體管理公共資源」這件事上，我們就需要先移除「哈丁的悲劇」。想明白赫伯特·賽門的「滿意即可理論」，我們就必須拋棄掉比它更早出現的「理性選擇理論」的其中一些部分。想從林瓔的「加減並用」當中學到一些東西，我們就不能再把加法和減法視爲「二選一」。

量子力學創始人馬克斯·普朗克抱持的悲觀態度是：「一個新的科學眞理之所以能獲勝，不是因爲它說服了對手們、讓他們看見光明，而是因爲它的對手們遲早會死。」沒錯，學習是透過「加法式容納」進行，無論是幼兒園兒童、邪教成員，還是學者的學習者。但我們如果在人們，包括自己死亡前就先拋棄掉錯誤想法，這麼做一定有好處。

幸運的是，雖然我們的傾向並不是移除錯誤想法，但這不表示我們做不到。孔恩著重於「革命性想法如何進入這個世界」，南希·納賽森（Nancy Nersessian）則探討「想法是如何在一個革命性思想家的腦子裡成形」。爲了達成這個目的，這位喬治亞理工學院教授透過自己在認知科學方面的專長，分析了孔恩式的歷史個案研究。

憑著這種方式，納賽森指出了「想法革命」中一些關鍵的減法之戰。有些戰爭確實關於實驗和數字運算，但這些是常見的技能。希望產生新想法，想從「已知」進入「未知」，納賽森發現革命性科學家們常常把最高等的現代科學實務跟一個歷史悠久的簡單辦法相結合，也就是「類推法」（analogy）。

我們每個人都使用類推法。這個工具很適合拿來描述觀念，就像我剛剛把納賽森的個案研究比喻成「想法革命中的戰爭」。

類推法也能用來教導新的想法。我們如果把大腦的思考方式比喻成電腦，或把突觸修剪比擬成園丁修剪果園，就是用熟悉的事物打比方，好讓我們更能了解未知事物。而且研究發現，我們如果透過類推法來學習，可以從某個應用題延伸到另一個應用題的，通常不會是瑣碎細節，而是本質。換言之，我們在拿電腦打比方的時候，並不會以爲大腦裡眞的有鍵盤、有個刻著蘋果或戴爾商標的銀色外殼。但我們用這個比方來了解自己的大腦時，確實可以把電腦處理資訊的方式套用在大腦上。類推法能減去細節，在一筆知識進入我們的心智模型之前，先減少知識的雜亂度。

納賽森指出，在一些非常特殊的案例上，類推法能幫助我們減掉錯誤想法。在這些案例上，類推法之所以有效，是因爲它運作起來很像「容納」，意思是能允許我們把一腳繼續踩在自己原本知道的事物上，同時把另一腳踩在想接受的新事物上。跟科學學習有關的一些研究發現指出，如果用新證據呈現一個新想法的話，將無法移除誤解。新想法和新證據的組合，並無法壓過已經深植於人們心中的誤解。但我們如果用一個既存於學習者腦海中的有效想法來打比方，呈現一個新想法的話，那麼學習者就更容易推翻原本的誤解。一個老師可以用約翰尼斯·克卜勒的公式來描述諸多行星圍著太陽轉，並描述這些公式能套用的領域，但這可能不足以移除學生的「地球是宇宙中心」這個先入之見。然而，如果學生已經明白較小的電子圍繞較大的原子運行，那麼老師就能把這個比喻套用在太陽系上，而學生大概就會移除原本的錯誤想法，也就是「較大的太陽繞著較小的地球轉動」。

新想法很難跟既有的想法競爭，就算後者是錯誤的。但如果用正確的既有想法來支撐一個新想法，這也許就能推翻錯誤的既有想法。就連克卜勒自己也用過這招，他在描述自己獲得的革命性想法時如此承認：「最令我珍惜的就是類推法，它是我最值得信賴的大師。」

一

說到新想法，我們在前八個章節已經看到減法尚未被開發的潛力，以及採用減法所能得到的獎勵。我們在類推法的協助下，對想法進行了減法。我們移除了跟減法有關的負效價，因爲「減少」並不是「損失」。我們也不再把加法和減法想成二選一，因爲加法和減法在大自然中乃共存互補。

雖然堅持於「可見的精簡」需要耗費更多心智步驟，但我希望你已經相信這麼做值得。減法能激起龐大的漣漪效應。蘇．比爾曼給後人留下的遺產，存在於她建立的那些公園和拿著猴子氣球的幼兒們，關於安巴卡德洛濱海大道的故事也繼續鼓勵其他城市處理弊大於利的公速公路。減法其實也在我們的想法當中獲得共鳴，而爲了討論這點，我們再來談談那些喜歡（謹愼地）互傳電子郵件的教授。

我在普林斯頓大學一場演講中描述了減法疏忽後，收到一封標題爲「減法無所不在！」的電子郵件。這封信最早是由羅伯特．蘇可羅（Robert Socolow）寄給艾爾克．韋伯（Elke Weber）；蘇可羅是物理學教授，提出了有名的「氣候穩定楔子」，韋伯則是當代最有影響力的心理學家之一，也在我演講那天擔任主持人。這兩位重量級學者所交換的電子郵件上寫了什麼？我的演講引發了什麼偉大的思想革命？

那封電子郵件上是一個食譜，來自蘇可羅訂閱的線上電子報。該食譜說明做出美味烤雞的訣竅：醋多放一點，而且別放會破壞醋味的各種香料。

我們現在明白爲什麼這項建議違反直覺，爲何値得出現在蘇可羅的電子報上，而且甚至値得他花時間寄出這封信。因爲，正如我們現在明白的，人類忽略了一個無比強大的選項：減法。我們的待辦事項越堆越多，卻不考慮列出停辦事項。我們爲高績效提供獎勵，卻不移除妨礙目標的障礙。我們訂定新法律，卻不廢止該被淘汰的舊法律。無論是希望孩子改善行爲，還是在工作場合設計新專案，我們是系統性地選擇「更多」而避開「更少」。

沒錯，我希望本書已經說服你相信，減法其實無比強大，能帶來龐大獎勵，而且樂趣十足。我也希望你跟我一樣受到書中那些減法英雄的激勵。

但我最大的希望是，你在忘掉那些減法範例，甚至科學細節後，你還是會透過一個更清晰的鏡片看待自己的世界。不管是烤雞、待辦事項，還是擋住城市美景的高速公路，我希望你會找到自己長期以來錯過的一些選項，而且你會覺得有能力追尋它們。

本書重點

我們一起完成了一趟神奇的旅程，穿越了數百萬年的時空，涉獵了不同的科學領域，而且面對了從收件匣到人類世的各種負荷過重的情況。我們一路上發現了強大又難以推翻的反減法力量。沒錯，我們就是因爲進化因素而能刻意地進行心智修剪；追求「更多」的文化讓袖珍公園能夠成眞；我們的經濟體系讓撤資充滿影響力。儘管如此，整體局勢還是對減法不利。我們更難想像「更少」，無論是樂高、網格，還是文章。就算我們眞的想到可以採取減法，人類與生俱來的加法本能還是造成了科利爾囤積狂；炫耀能力的本能造成了沒用處的資料夾；爲了該寺廟而促成的文化讓高速公路顯得神聖；現代「多多益善」的道德觀，鼓勵人們對住家和行程採取加法。

看到這麼多加法後，我們開始拿掉它。我們找到並分享了「可見的精簡」，提煉出所謂的簡化表和其他重點。我在這裡列出幾張整頁的重點，是不是眞的能爲一整本書的教導做出總結？這不就是「重點」的意思嗎？

以下是你該記住的重點。

扭轉：採取「更多」之前，先試試「更少」。採取行動前先刪減一些細節，就像檢傷分流。然後，準備好做出改變時，把減法視爲優先項目，就像玩 Jenga 疊疊樂。別忘了，就因爲我們現在明白「減少」不是「損失」，這並不表示你的觀眾和顧客也有同感。所以，你該做的是向他們介紹本書，但別進行「減法」，而是進行清理、雕鑿和揭露，加入某種程度的改變。

擴張：把加法和減法想成共存互補。大自然和著名的建築師林璎都示範過，加法和減法是「做出改變」的互補方式。加法應該會讓你想到減法，而不是排除減法。試著看見你心中的不同層面。身爲父親的你，也許會看出腳踏車設計師錯過了什麼。如果你心中的層面不夠用，那可以另外聘位編輯。別忘了，你有時候得後退幾步才能看見整個「場域」，因爲停辦事項和負數並不是不可能存在。此外，場域是緊張關係所在，而拿掉它，就是改變系統的「好辦法」。所以，你是可以加入多元性，但「減去種族主義」就是獎勵。

提煉：聚焦於人們身上。腳踏車沒辦法讓自己平衡，但是幼兒做得到。化繁爲簡，找出令你怦然心動之處。清除無用雜物，這能帶來喜悅，「最佳心理體驗」也有同樣效果。使用你與生俱來的感官來看見相對差異。「移除一頭猛獁象」，是比「添加一頭猛獁象」能帶來更大的變化。接受複雜性，但努力找出本質。忘掉物體，記住力量——而且想辦法在機械學上考及格。減去資訊，累積智慧。

最後是堅持下去：**繼續採用減法**。你能不能讓「更少」變得無人能否認？史普林斯汀讓《城鎮邊緣的黑暗》專輯變得可見。哥斯大黎加讓碳中立變得可見。奇普讓沒人駕駛的卡丁車變得好笑。別忘了，你可以重複使用減法帶來的成果，例如甜甜圈的洞。努力採取減法行動，爲後人留下稱爲「選項」的遺產，就像蘇．比爾曼、里歐．羅賓森和伊莉諾．歐斯壯那樣。

我眞心希望你會發現自己正在把本書的想法轉變成更好的東西，無論你想要的是什麼。至於我？我等不及讓以斯拉的妹妹看到，樂高還能用另一種方式玩。

作者鳴謝

非常感謝幫助我看見減法的以下人士。嘉貝麗・亞當斯、班恩・康偉斯和安迪・海勒，謝謝你們發現了這本書的科學本質。能與各位共事，是我職涯中最美好的時光。布拉克曼經紀公司（Brockman）的瑪格・福萊明（Margo Fleming）及其團隊，謝謝你們找到這本書的務實本質並提高它的科學本質。因爲你們的貢獻，思想界成了一個更美好的地方。本作中提到的諸多思想家和實踐家，你們開創的學識、設計、科學和藝術，幫助我提煉了書中所提出的想法，謝謝。你們的工作激勵了我，我也希望自己已經把你們的貢獻傳遞出去。維吉尼亞大學、國家科學基金會，以及我曾有幸合作過的每個學生，謝謝你們支持我對設計以及行爲科學的探索。

曾幫助我把減法分享出去的那些人，謝謝你們。梅根・豪瑟（Meghan Houser）以及莎菈・莫菲（Sarah Murphy），謝謝兩位讓這本書（和我）變得更聰明也更簡潔。我原本對編輯有著高度期望，而妳們兩位都超出了我的期望。艾蜜莉雅・波桑札（Amelia Possanza）、凱瑟琳・圖洛（Katherine Turro）、鮑伯・米勒（Katherine Turro），以及福拉提隆出版社（Flatiron Books）的每一位，謝謝你們移除通往「分享科學」的阻礙。是你們讓我能自由自在地學習、思考和寫作。莫瑞拉・赫南德茲（Morela Hernandez）、珍妮・朱（Jennie Chiu）、克莉絲汀・摩斯凱（Christine Moskell）、路卡・黃（Lucca Huang）、泰德・本恩斯（Ted Burns）、伊凡・奈斯特拉克（Evan Nesterak）、戴維・努斯巴姆（Dave Nussbaum），以及海瑟・克萊德勒（Heather Kreidler），謝謝你們閱讀、討論並對我的初稿進行刪減。我真希望自己寫的每一篇文章都能交給這麼傑出的團隊編輯。最後，我要感謝我爸媽勞芮和賴瑞・克羅茲（Laurie and Larry Klotz），還有伴侶莫妮卡・派特森（Monica Patterson），謝謝你們幫助我在孩子出生後，以及疫情期間能專心寫作。

圖片來源

圖 1：Created by Andy Hales

圖 2：Photo by Elliott Prpich

圖 4：Hanne Huygelier, Ruth Van der Hallen, Johan Wagemans, Lee de -Wit, and Rebecca Chamberlain, "The Leuven Embedded Figures Test (L-EFT): Measuring Perception, Intelligence or Executive Function?" PeerJ 6:e4534. https://doi:10.7717/peerj.4524.

圖 5：(Fgrammen, "File:Savannah-four-wards.png," Wikimedia Commons, https://commons.wikimedia.org/w/index.php?curid=19978483)

圖 6：Created by Maya Lin

圖 7：Photo by Nancy Perkins

圖 11：Town Branch Commons, Lexington, Kentucky. Image of Winning Competition Entry, 2013. SCAPE / LANDSCAPE A

國家圖書館出版品預行編目資料

減法的力量：全美最啟迪人心的跨領域教授，帶你發現「少，才更好」／
雷迪・克羅茲（Leidy Klotz）作；甘鎮隴 譯.
-- 初版. -- 臺北市：先覺出版股份有限公司，2021.09
352 面；14.8×20.8公分. --（人文思潮；153）
譯自：Subtract : the untapped science of less.
ISBN 978-986-134-394-5（平裝）
1. 自我實現　2. 思考　3. 生活指導
176.4　110011788

Eurasian Publishing Group 圓神出版事業機構 用心與你對話．視野無限寬廣　先覺出版社 Prophet Press

www.booklife.com.tw　reader@mail.eurasian.com.tw

人文思潮 153

減法的力量

全美最啓迪人心的跨領域教授，帶你發現「少，才更好」

作　　者／雷迪・克羅茲（Leidy Klotz）
譯　　者／甘鎮隴
發 行 人／簡志忠
出 版 者／先覺出版股份有限公司
地　　址／臺北市南京東路四段50號6樓之1
電　　話／（02）2579-6600・2579-8800・2570-3939
傳　　真／（02）2579-0338・2577-3220・2570-3636
總 編 輯／陳秋月
資深主編／李宛蓁
責任編輯／林亞萱
校　　對／李宛蓁・林亞萱
美術編輯／林雅錚
行銷企畫／陳禹伶・黃惟儂
印務統籌／劉鳳剛・高榮祥
監　　印／高榮祥
排　　版／陳采淇
經 銷 商／叩應股份有限公司
郵撥帳號／18707239
法律顧問／圓神出版事業機構法律顧問　蕭雄淋律師
印　　刷／祥峰印刷廠
2021年9月初版

Subtract: The Untapped Science of Less
Copyright © 2021 by Leidy Klotz.
Published by arrangement with Brockman, Inc.
Complex Chinese copyright © 2021
By Prophet Press, an imprint of Eurasian Publisging Group
All rights reserved.

定價420元　ISBN 978-986-134-394-5　版權所有・翻印必究

◎本書如有缺頁、破損、裝訂錯誤，請寄回本公司調換　Printed in Taiwan